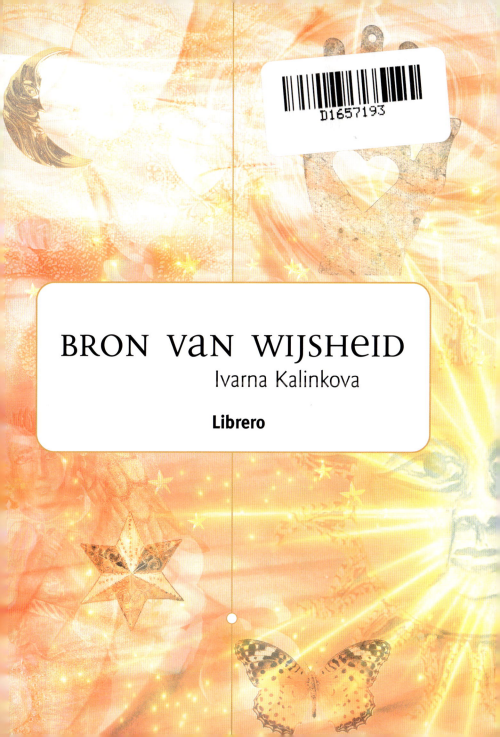

# BRON VAN WIJSHEID
Ivarna Kalinkova

**Librero**

Voor Edward Alexei, een sterke geest uit het Noorden, mijn gids en inspiratie.

Oorspronkelijke titel: The Wisdom Well

© 2004 Quarto Inc.

© 2004 Librero b.v. (Nederlandstalige editie)
Postbus 72
5330 AB Kerkdriel
WWW.LIBRERO.NL

Projectredactie: Fiona Robertson
Kunstredactie: Anna Knight
Assistent art director: Penny Cobb
Ontwerp: Brian Flynn
Illustraties: Mark Duffin
Foto's: Colin Bowling
Eindredactie: Penelope Allport
Proeflezer: Anne Plume
Register: Pamela Ellis

Art director: Moira Clinch
Uitgever: Piers Spence

Productie Nederlandstalige editie:
Textcase, Hilversum
Vertaling: Paulina de Nijs
Opmaak: Ingrid de Klein

Vervaardigd door Universal Graphics Pte Ltd, Singapore

Gedrukt in China door
Midas Printing International Ltd

ISBN 90 5764 472 X

Alle rechten voorbehouden.

# INHOUD

1. De jungiaanse archetypen . . . . . . . . . 4
2. De jungiaanse kaarten gebruiken . . . . . . . . . 10
3. De diepere lagen van de kaarten interpreteren . . . . . . 14

## de kaarten

1. De psyche . . . . . . . . . . . 22
2. De schaduw . . . . . . . . . . . 24
3. De persona . . . . . . . . . . 26
4. De bedrieger . . . . . . . . . . 28
5. Moedermaangodin . . . . . . 30
6. Vader aarde . . . . . . . . . 32
7. De demonische koningin . 34
8. De wildeman . . . . . . . . . 36
9. De anima/animus . . . . . . . 38
10. De duistere prins . . . . . . 40
11. De maagd/hoer . . . . . . . 42
12. Aspiratie . . . . . . . . . . 44
13. De wijze oude man . . . . 46
14. De spiegelvrouw . . . . . . . 48
15. Het kind in uzelf . . . . . . 50
16. De lijdzame . . . . . . . . . 52
17. De patriot . . . . . . . . . . 54
18. De mandala . . . . . . . . 56
19. De gevangene . . . . . . . 58
20. De gewonde heelmeester 60
21. Macht . . . . . . . . . . . 62
22. De nachtwaker . . . . . . . 64
23. De kluizenaar . . . . . . . . 66
24. De analist . . . . . . . . . . 68
25. De dichter . . . . . . . . . 70
26. De bedelaar . . . . . . . . 72
27. De kantklosser . . . . . . 74
28. De vrek . . . . . . . . . . 76
29. De leraar . . . . . . . . . . 78
30. De steenhouwer . . . . . . 80
31. De wolvenman . . . . . . . 82
32. De uitvinder . . . . . . . . 84
33. De held . . . . . . . . . . 86
34. De houthakker . . . . . . . 88
35. De alchemist . . . . . . . . 90
36. De eeuwigheid . . . . . . . 92

**Register** . . . . . . . . . . . 94
**Verder lezen** . . . . . . . . . 96

# 1 De jungiaanse archetypen

> 'De grootste en beste gedachten van de mens vormen zich naar deze fundamentele voorstellingen als naar een blauwdruk.'
>
> Vrij vertaald naar C.G. Jung, *Über die Psychologie des Unbewussten*

De 36 kaarten in dit jungiaanse kaartspel vertegenwoordigen elk een ander aspect van de archetypen zoals de briljante psycholoog en mysticus Carl Gustav Jung die vaststelde. Ze bieden een eenvoudige, maar ongelooflijk effectieve manier om de geheimen van verleden, heden en toekomst te ontrafelen. Zelfs de meest onervaren kaartlezers kunnen de kaarten leren interpreteren met de eenvoudige technieken van bladzijde 10 tot 13. De archetypen die op de kaarten zijn afgebeeld zullen u begeleiden door het onderbewustzijn zodat u het leven beter leert begrijpen en oplossingen vindt voor al uw problemen en vragen.

## Jung: psycholoog en mysticus

De Zwitserse psychiater Carl Gustav Jung (1875-1961) was een briljant denker. Hij was de grondlegger van de analytische psychologie en introduceerde concepten als synchroniciteit, introverte en extroverte persoonlijkheden en de universele archetypische voorstellingen die voortkomen uit het collectieve onderbewustzijn. Hij was een pionier in het onderzoek naar het onderbewustzijn. Hij groef pijnlijk diep in zijn eigen dromen en fantasieën om de dynamiek van de menselijke geest te kunnen doorgronden.

Niet alleen op wetenschappelijke wijze pakte hij zijn onderzoek aan. Hij gebruikte ook de schilder- en beeldhouwkunst om droombeelden te interpreteren. Hij bekeek de menselijke geest in al zijn facetten en betrok daar filosofie, mythologie, kunst en religie bij. Als mysticus bestudeerde hij alchemie en gnosticisme. Zijn eigen dromen deden hem geloven dat de geest contact maakt met krachten van buitenaf. Voor Jung was de belangrijkste taak in het leven het proces van 'individualisatie', waarbij het bewustzijn en onderbewustzijn samenkomen en spirituele volledigheid wordt bereikt.

## Wat zijn de archetypen?

Een van Jungs belangrijkste bijdragen aan ons begrip van de menselijke geest is het idee van de archetypen. Eenvoudig gezegd gaat het om fundamentele, niet aangeleerde aspecten van de geest, die afkomstig zijn van het 'collectieve onderbewustzijn'. Dit is de diepste laag van ieders geest en bestaat uit de algemene ervaring van een ras zoals die in de loop van generaties is doorgegeven. Het is de gemeenschappelijke geest van de mensheid in verleden, heden en toekomst.

In *Geist und Erde* (*Zivilisation im Übergang*) beschreef Jung archetypen als 'systemen van bereidheid tot actie en tegelijkertijd beelden en emoties. Ze komen voort uit de hersenstructuur: ze zijn het psychische aspect ervan.'

Op een persoonlijk niveau ervaart iedereen deze archetypen hetzelfde, namelijk als de neiging om op een bepaalde manier over dingen te denken en ze op een bepaalde manier te doen. Jung onderzocht het onderbewustzijn zoals dat tot uitdrukking komt in dromen, fantasieën en waanvoorstellingen. Hij concludeerde dat iedereen deze gedachte- en gedragspatronen ervaart als motieven, zoals de schaduw, de wijze oude man, het kind, de moeder en de maagd. In *Über das Phänomen des Geistes in Kunst und Wissenschaft* schreef Jung dat 'het fundamentele beeld of archetype, een figuur is – een demon, een mens of een proces – dat voortdurend terugkomt in de geschiedenis en verschijnt wanneer de creatieve fantasie vrij tot uitdrukking komt. In wezen is het daarom een mythologische figuur ...'

## Hoe we de archetypen ervaren

We kunnen met de jungiaanse kaarten meer kennis over onszelf en anderen verkrijgen omdat de archetypen universeel zijn en zich in de geest van elke mens bevinden. We benaderen archetypen op alle niveaus, in onszelf en in de buitenwereld. Misschien ervaren we het archetype van de schaduw (kaart 2) voor het eerst als de angstaanjagende duisternis van onze slaapkamer; ontmoeten we het opnieuw in de vreemdeling waarvan we van onze ouders geen snoep mogen aannemen. We zullen deze mythische figuur vaak tegenkomen in ons leven. Elke keer als we angst, instinctieve boosheid of die vreemde, semi-herkenning van het onbekende ervaren, maken we contact met het

## contact met onze archetypen

Dit verhaal laat zien hoe identificatie, herkenning en de innerlijke integratie van archetypen leidt tot heling en volledigheid.

Een zakenman wordt op het perron benaderd door een bedelaar. Hij reageert woedend – niet de irritatie van iemand die op weg naar zijn werk wordt lastiggevallen, maar een gewelddadige uitbarsting van boosheid, afschuw en vooroordelen. Deze overdreven reactie lijkt onverklaarbaar, maar de archetypen kunnen de zakenman inzicht geven in zichzelf.

Zijn archetypen schaduw (kaart 2), bedelaar (kaart 26) en spiegelvrouw (kaart 14) zijn allemaal verenigd in één man: de bedelaar. De extreme reactie van de zakenman op deze figuur geeft aan dat de archetypen niet in hem geïntegreerd zijn. Hij moet zijn haat- en afschuwgevoelens analyseren om ze te kunnen begrijpen en zich te ontwikkelen als persoon.

De zakenman, opgevoed met het idee dat hij niets waard is als hij geen geld verdient en geen succes heeft, kan de held worden (kaart 33) als hij inziet dat het gezicht van de bedelaar zijn eigen onvermogen en angst weerspiegelt, het deel van hemzelf dat hij verafschuwt. Op dat moment maakt hij de schaduw, de bedelaar, de spiegelvrouw en de held deel van zichzelf en integreert hij de elementen van zijn karakter die hem eerst ondermijnen.

Wanneer de zakenman de archetypen in hem heeft geïdentificeerd, zal hij tot het belangrijkste besef komen: dat zijn boosheid en haat gebaseerd zijn op jaloezie. De bedelaar heeft een waardevol geschenk voor de zakenman, namelijk de kennis dat al zijn bezittingen te hartstochtelijk verdiend zijn. Door altijd aan andermans verwachtingen te voldoen, is hij zijn eigen behoeften uit het oog verloren.

De interne en externe wereld zijn net puzzelstukjes: als je ze aan elkaar legt, wordt het plaatje zichtbaar. De zakenman kan zich niet alle hoofdstukken van zijn leven herinneren die tot dit punt hebben geleid, maar zijn onderbewustzijn wel – zijn archetypen wel. Nu zijn bewustzijn het ook weet, kan de boodschap van zijn archetypen hem bevrijden. Onze held kan zijn verloren verleden nu weer terugwinnen en de weg volgen die hij had moeten nemen. Hij moet daarbij behouden wat goed is in het leven en de rest veranderen.

schaduwarchetype. De eerste archetypen die we tegenkomen zijn de autoritaire figuren die ons hebben grootgebracht, meestal onze ouders. Onze relatie met hen illustreert de perceptie die we allemaal hebben aan het begin van ons leven, namelijk die van een schijnbaar solide buitenwereld, waarbij we ons niet realiseren dat deze buitenwereld belichaamt wat binnen in ons huist. We maken ons zo de essentie eigen van wat deze eerste autoriteitsfiguren ons meegeven. Ons hele leven blijven we bij gelijksoortige figuren dezelfde angst houden om fouten te maken en straf te krijgen, zoals bij een leraar, priester, professor en directeur: het zijn verschillende acteurs die dezelfde rol spelen.

## Hoe de kaarten Jungs archetypen vertegenwoordigen

Jung gaf ons geen definitieve lijst van archetypen. Dat zou onmogelijk zijn aangezien er geen vast aantal archetypen is, ze elkaar overlappen en in elkaar overlopen. De 36 kaarten in dit spel vertegenwoordigen echter elk een archetype of een aspect van een archetype zoals Jung die heeft besproken. De arche-

typen zijn complexe symbolen; elke kaart heeft daarom een speciale naam gekregen zodat de lezer de betekenis eenvoudiger kan identificeren naar zijn of haar eigen omstandigheden.

Soms vertegenwoordigt een enkele kaart een archetype dat door Jung is besproken, soms zijn echter meerdere kaarten nodig om de verschillende aspecten van een bepaald archetype te omschrijven. De demonische koningin (kaart 7) en de vrek (kaart 8) vertegenwoordigen bijvoorbeeld de schaduwkant van de moedermaangodin (kaart 5) en vader aarde (kaart 6). Deze archetypen hebben afzonderlijke kaarten omdat ze heel vroeg, in de vroegste jeugd, op fragmentarische wijze worden ervaren. Een kind in ontwikkeling ervaart de 'goede' moeder die voedsel, warmte en speelgoed geeft en ook de 'slechte' moeder die geïrriteerd, moe en humeurig is. Het kind kan deze tegengestelde kanten van 'moeder' niet met elkaar verbinden en ervaart ze alleen maar. Deze twee kanten, of archetypen, blijven gescheiden tot het oudere kind ze met elkaar kan verenigen.

## Waarom we met archetypen werken

Deze jungiaanse kaarten helpen u uw ware lotsbestemming te ontsluiten. Wanneer archetypen ons bewustzijn binnendringen zonder te zijn geïntegreerd, hebben ze een negatief, verwoestend of verslavend effect op onze persoonlijkheid en ons leven. Ze maken het ons moeilijk te veranderen en we blijven ons hele leven in dezelfde patronen steken. Het effect van een archetype is nooit willekeurig, maar hangt af van de mate waarin hij in het verleden in uw bewustzijn is geïntegreerd. Maar als u een archetype in uzelf erkent en integreert kan een wonderbaarlijke metamorfose plaatsvinden. Deze kan u opnieuw in contact brengen met een verloren gegaan doel en vergeten talenten. Hij helpt u liefde, succes en een uitweg uit een duistere of moeilijke periode te vinden. Onze geest heeft meer invloed op ons lot dan we ons kunnen voorstellen.

De kaarten vertegenwoordigen de archetypen en fungeren als herkenningspunten tijdens uw uiterlijke en innerlijke reis.

## Jung in de moderne wereld

*'... bij elke nieuwe fase binnen de differentiatie van het bewustzijn die de beschaving bereikt, moeten we een nieuwe interpretatie vinden die bij deze fase past, zodat we het leven van het verleden, dat nog steeds in ons aanwezig is, te verbinden met het leven van het heden ...'*

vrij vertaald naar C.G. Jung, *Archetypen*

Jung geloofde dat het noodzakelijk was om de betekenis van de archetypen in elk nieuw tijdperk opnieuw te evalueren. Houd dit in gedachten als u zijn werk leest, omdat ook Jung een kind van zijn tijd was. Hij schreef in een tijdperk waarin vrouwen nog sterk onderdrukt werden door mannen, zowel seksueel als sociaal, en hij sprak op een voor ons sterk gedateerde manier over 'mannelijke' en 'vrouwelijke' karaktertrekken. Elke lezer moet de kaarten toepassen op zijn of haar situatie. Verwijzingen naar 'mannelijke' en 'vrouwelijke' eigenschappen kunnen geïnterpreteerd worden als tegengestelde kwaliteiten binnen de geest van een individu, ongeacht zijn geslacht. Uit het collectieve onderbewustzijn, waarmee we allemaal verbonden zijn, worden voortdurend nieuwe archetypen, nieuwe pictogrammen en nieuw gedrag geboren.

Als u eenmaal tot een fundamenteel besef bent gekomen, kunt u uw leven opnieuw in balans brengen. Door de kaarten zult u inzien dat onbekende kanten van uzelf uw leven beïnvloeden en hebben geleid tot uw huidige situatie. U leert problemen oplossen, krijgt inzicht en kunt zelfs de toekomst voorspellen. En op een bepaald moment tijdens dit mystieke proces stemt u af op uw innerlijke stem – uw innerlijke leraar (vertegenwoordigd door kaart 29). U kunt dan alle negatieve, duistere en ongelukkige aspecten

van uw leven veranderen en u bewust worden van uw ware ik. Wanneer u de eerste archetypekaart trekt, opent u de deur naar uw geest. U zet de eerste stap in de richting van spirituele volledigheid tijdens de reis van zelfonderzoek en zelfrealisatie die Jung 'individualisatie' noemt.

## De bekrachtigingen

Onder elke afbeelding van een archetype in dit boek vindt u woorden die een bekrachtiging vormen en helpen om de betekenis van de kaart tot u door te laten dringen. Als we alle versplinterde en tegenstrijdige delen van de ik integreren – het bewuste met het onbewuste, het lichte met het duistere – kunnen we de wateren van ons lot bevaren en worden we volledig en sterk en beheersen we ons eigen leven. Deze integratie kan echter alleen plaatsvinden als we al deze gefragmenteerde componenten van ons leven herkennen en erkennen. Elke bekrachtiging verenigt de tegenstrijdige aspecten van het archetype op de kaart. Door deze woorden te lezen, uit te spreken of erover te mediteren, neemt u deze kenmerken in uzelf op.

#  De Jungiaanse kaarten gerbuiken

Dit hoofdstuk geeft uitleg over de basis van het kaartlezen en de twee hoofdmethoden om de kaarten te leggen: de Voorspelling van een kaart en de Drie lotsbestemmingen. Wanneer u voor het eerst kaarten leest, kunt u het best de Voorspelling van een kaart gebruiken tot u er vertrouwd genoeg mee bent om verder te gaan. Het is eenvoudiger om een hoofdkaart te kiezen die uw situatie weerspiegelt dan te worstelen met uiteenlopende betekenissen.

'De diepere lagen van de kaarten interpreteren' (blz. 14-21) biedt u meer gevorderde methoden om kaarten te lezen. Als u de basisaanpak goed beheerst, kunt u deze methoden uitproberen. Kaartlezen is echter hoofdzakelijk een instinctief proces. U komt zelfs met de eenvoudigste methoden tot verrassende inzichten als u er open voor staat en ontspannen bent.

Zoek de beschrijving van de archetypische betekenis van een getrokken kaart op in dit boek. Elke beschrijving gaat gepaard met een lijstje van kernwoorden om te herkennen wat dit archetype voor uw leven betekent.

Als u een kaart trekt, vraagt u misschien om inzicht in een bepaalde situatie of het antwoord op een bepaalde vraag. Probeer elke kaart te koppelen aan die situatie of vraag. Analyseer de kaart en denk er goed over na. Ga eerst in op de meest voor de hand liggende interpretatie en als die niet werkt, associeert u vrijelijk tot u ontdekt wat de kaart betekent voor uw eigen omstandigheden.

Lees 'De diepere lagen van de kaarten interpreteren' op bladzijde 14 tot 21 voor meer informatie over technieken om de kaarten te interpreteren.

## Beginnen met lezen

1. Kies een methode om de kaarten te trekken: de Voorspelling van een kaart of de Drie lotsbestemmingen.
2. Bepaal of u de kaarten om inzicht of een antwoord op een vraag wilt vragen. U moet gedurende het proces bij deze beslissing (inzicht of antwoord) blijven.
3. Kalmeer uw geest, misschien door een kort ritueel of een ademhalingsoefening, om tot rust te komen.
4. Houd de kaarten in uw handen en denk enkele ogenblikken aan uw vraag of gewenste inzicht.
5. Schud de kaarten en leg ze uit volgens de door u gekozen methode.
6. Als u na de eerste lezing verder wilt gaan, kalmeert u uw geest opnieuw en denkt aan een nieuwe vraag. Schud de kaarten opnieuw en leg ze uit.

## De Voorspelling van een kaart

1. Bereid uzelf voor op het lezen van de kaarten zoals staat beschreven op bladzijde 11.
2. Neem langzaam en bedacht een willekeurige kaart uit het spel.

### De betekenis van de kaart

Bekijk de beschrijvingen van de kaarten in dit boek en bedenk wat de kaart betekent in relatie tot de situatie of vraag die u in gedachten hebt. Wanneer u deze methode dagelijks toepast, zal hij u vertellen welk archetype u beïnvloedt. Hij zal u daarom elke dag aanwijzingen geven voor de situaties die u te wachten staan. Directe vragen als: 'Met wat voor persoon heb ik te maken?', kunnen met deze methode doorgaans het beste worden beantwoord.

Herhaal de Voorspelling van een kaart om meer inzicht te krijgen in dezelfde vraag. U kunt de vraag 'Met wat voor persoon heb ik te maken?' bijvoorbeeld aanvullen met een andere vraag, zoals: 'Wat zullen de gevolgen zijn van mijn omgang met deze persoon?'

## De Drie lotsbestemmingen

1. Bereid uzelf voor op het lezen van de kaarten zoals staat beschreven op bladzijde 11.
2. Leg alle kaarten met de afbeelding naar beneden voor u.
3. Als u er klaar voor bent, neemt u langzaam en bedachtzaam drie willekeurige kaarten. Overhaast u nooit.
4. Leg de door u gekozen kaarten ondersteboven op tafel, weg van de andere kaarten.

## de betekenis van de kaarten

Als u de kaarten omdraait, denkt u aan de beschrijvingen uit dit boek en bedenkt u wat de archetypen zouden kunnen betekenen in relatie tot uw verzoek.

Voor u de kaarten neerlegt kunt u bepalen dat de linker-, midden- en rechterkaart staan voor verleden, heden en toekomst. Net als schakels in een ketting zijn deze met elkaar verbonden: als u begrijpt welk effect het verleden heeft op het heden, bent u in staat de toekomst te beïnvloeden. Onthoud dat een kaart de kenmerken van een andere kaart kan veranderen. Een onvoorzien element in de toekomst kan bijvoorbeeld uw standpunt over het heden veranderen. Deze methode is eenvoudig maar zeer effectief.

Wanneer er echter sprake is van een keuze, bijvoorbeeld in de vraag: 'Zal ik deze baan houden of ontslag nemen?', vertegenwoordigt de middelste kaart het dilemma. De linkerkaart staat in dit geval voor het behouden van de baan en de rechterkaart voor het nemen van ontslag. Als het om een keuze tussen twee geliefden gaat, kunt u dezelfde methode toepassen en staat de linkerkaart bijvoorbeeld voor de geliefde die u het langste kent.

# 3) DE DIEPERE LAGEN VAN DE KAARTEN INTERPRETEREN

De meest eenvoudige interpretatiemethoden brengen u al tot zeer verhelderende inzichten. De kaarten hebben echter vele betekenislagen, net als onze geest op verschillende bewustzijnsniveaus werkt. Als u de basismethoden onder de knie hebt, kunt u enkele complexere technieken proberen. U moet echter onthouden dat het bij kaartlezen essentieel is om instinctief te werk te gaan. U zult zich de interpretatietechnieken die hier zijn beschreven op zeer natuurlijke wijze eigen maken als u reageert op de kaarten die u trekt.

## INZICHT VERKRIJGEN OF OM ADVIES VRAGEN

U kunt de kaarten bij dit boek om twee redenen gebruiken: voor inzicht in een persoon of situatie of voor specifiek advies over een huidig of toekomstig probleem. Als u zoekt naar inzichten moet u de kaarten op een passieve, contemplatieve wijze benaderen. Stel u voor dat u in een diepe, stille vijver staart en laat gedachten uit de diepten van uw geest de vrije loop. Houd de situatie waarover u iets wilt weten losjes in gedachten en laat begrip en richtlijnen van binnenuit komen.

Als u specifiek advies vraagt, moet u de kaarten actiever lezen. U moet zich voortdurend concentreren op uw behoefte aan een definitief antwoord.

## DE KAARTEN SAMEN

Als u in één sessie meer dan een kaart trekt, moet u bedenken hoe de ene kaart de betekenis van de andere kan beïnvloeden. Dit is vooral van belang bij de schaduw (kaart 2) die symbool is van alles dat slecht, beangstigend of onacceptabel is en al sinds uw geboorte onderdrukt is.

Als een ander archetype zich als problematisch manifesteert, zoals wanneer u de nachtwaker (kaart 22) ervaart als zielverterende schuld, komt u in contact met een element van uw schaduw. In dit geval verschijnen de kaarten doorgaans samen. Zij helpen u bepalen of zij positief en 'waar' zijn of negatief en het schaduwarchetype symboliseren. Niet alleen de schaduw heeft invloed op andere archetypen, elke kaart kan andere kaarten beïnvloeden. Als de held (kaart 33) en de anima/animus (kaart 9) samen verschijnen wanneer u informatie zoekt over iemand waartoe u zich aangetrokken voelt, kan het zijn dat die iemand die de kracht bezit waaraan het u ontbreekt.

## Omgekeerde kaarten

Omgekeerde kaarten (de kaart ligt met de afbeelding naar boven maar ondersteboven) betekenen vaak een terugtrekking uit het leven. Ze kunnen wijzen op achteruitgang, als u terugkeert naar een eerdere fase in uw leven om een probleem uit de weg te gaan; ontkenning, als u weigert in te zien dat er een probleem is; of een uitvlucht, als u smoezen verzint om een confrontatie uit de weg te gaan. Elke beschrijving van een archetype bevat aanwijzingen waarmee u de betekenis van de omgekeerde kaart kunt interpreteren.

## Gebruik maken van laterale associatie

Onthoud dat de boodschap van de kaarten altijd zinvol is, zelfs als de betekenis niet direct duidelijk is. Een methode uit het hoofd leren stagneert de ontwikkeling; houd vol, dan zal intuïtie u meer leren. Dit boek is niet bedoeld als een woordenboek met vaststaande omschrijvingen die het werk voor u doen. Het geeft u

toegang tot het onderbewustzijn. Het heeft de bedoeling uw intuïtieve kennis te stimuleren en u zo meer kracht te geven. De antwoorden bevinden zich in uw fijngevoelige innerlijke wereld. Er is altijd een relatie en uitwisseling tussen uw uiterlijke en innerlijke leven.

De kaarten geven u specifieke antwoorden op uw vragen, maar u moet wellicht een beroep doen op uw geestelijke vermogens om ze te achterhalen. Als u bijvoorbeeld vraagt: 'Zal ik naar het buitenland verhuizen?' en u trekt de patriot (kaart 17) omgekeerd, kunt u concluderen dat het antwoord 'ja' is. Maar als u de moedermaangodin (kaart 5) trekt, is het antwoord 'nee' – u blijft in uw vaderland.

Al u de wijze oude man (kaart 13) trekt bij de vraag, 'Waar zal mijn nieuwe thuis zijn?' kan die erop wijzen dat u naast een oude

## één kaart, verschillende interpretaties

Het contrast tussen de verschillende manieren waarop kaarten gelezen kunnen worden, kan het beste geïllustreerd worden met een voorbeeld van de verschillende manieren waarop u één kaart kunt uitleggen. De eeuwigheid (kaart 36) verwijst naar tijd en de levenscyclus. Als u actief een vraag stelt, kan

deze kaart betekenen dat u het juiste moment moet afwachten en moet kijken naar de gevolgen van uw handelingen. Als u zoekt naar inzicht vertegenwoordigt de kaart iets dat voortduurt, is uitgesteld of een basis die in het verleden is gelegd; hij geeft dus aan dat u op deze bepaalde situatie momenteel geen invloed kunt uitoefenen. Als de kaart samen met de schaduw (kaart 9) voorkomt, kan hij waarschuwen voor ongelukkige tijden, maar kan ook het begin van een nieuwe en betere fase aankondigen. De omgekeerde kaart (met de afbeelding naar boven maar ondersteboven) geeft aan dat u moet terugkijken op uw fouten.

universiteit of kerk gaat wonen. In combinatie met de omgekeerde patriotkaart zou het antwoord zijn dat u naast een kerk in een ander land gaat wonen.

In de kaarten vindt u niet alleen antwoorden op belangrijke gebeurtenissen in uw leven, maar ook details over minder belangrijke zaken, zoals de vindplaats van een verloren voorwerp. Laat de kaarten een aanwijzing geven en laat uw associaties de rest invullen. Als u naar een locatie vraagt, kan de schaduw (kaart 2) wijzen naar een donkere plaats. De houthakker (kaart 34) kan daadwerkelijk verwijzen naar een bos of zaagmolen of een andere plaats die met hout verband houdt. Laat uw

## tips om de tijd te bepalen

**Verleden, heden en toekomst**: bij de Drie voorspellingen kunnen de linker-, midden- en rechterkaart verwijzen naar verleden, heden en toekomst.
**Omgekeerde kaarten**: einde van de dag, week, maand, fase, cyclus, het seizoen of jaar.
**Psyche (kaart 1)**: nieuwjaar, equinox, begin. Omgekeerd betekent deze kaart 'nooit'. Deze kaart kan ook op uw geboortemaand of januari duiden, vanaf waar u door middel van de 36 kaarten drie jaar kunt terug- of vooruittellen.
**Moedermaangodin (kaart 5)**: een maand, negen maanden of twee jaar.
**Anima/animus (kaart 9)**: het sterrenbeeld dat recht tegenover het uwe staat.
**Patriot (kaart 17)**: rond een algemene feestdag.
**Houthakker (kaart 34)**: herfst. Omgekeerd betekent de kaart lente.
**Eeuwigheid (kaart 36)**: dit jaar, een jaar. Omgekeerd betekent deze kaart volgend jaar.

associatieve gedachten u naar de juiste plaats leiden. Maak in uw hoofd een portret als u een persoon wilt identificeren. De houthakker (kaart 34) kan verwijzen naar een handwerker of landsman. De moedermaangodin (kaart 5) kan verwijzen naar een zwangere vriendin of een moeder, maar ook naar uw hooghartige directrice die u 'moeder-overste' noemt. Uw geest is uniek en dat zijn diens symbolen dus ook. Uw onderbewustzijn heeft deze pictogrammen aan iemand verbonden en u moet het vragen welke dat zijn. Het kan zijn dat een regelmatig gebruik van de kaarten leidt tot dromen en synchroniciteit (betekenisvolle toevalligheden in het dagelijkse leven). Dat komt omdat de kaarten uw onderbewuste stimuleren om te communiceren; symbolen, dromen en synchroniciteit zijn de taal van het onderbewustzijn. Ze zullen u aanwijzingen geven om de kaarten te interpreteren.

### TIJD VOOR ZELFTRANSFORMATIE

Het jungiaanse antwoord op vragen die betrekking hebben op tijd is uiteindelijk altijd: 'Wanneer bij u de innerlijke transformatie heeft plaatsgevonden.' De psychologische thema's die u zou moeten veranderen zijn afgebeeld op

de kaarten die u trekt, waardoor u de bron van uw problemen kunt achterhalen. Werk daaraan en de transformatie zal plaatsvinden.

### PROBLEMEN BIJ DE INTERPRETATIE

Soms begrijpt u de boodschap van de kaarten direct. Andere keren kost het meer tijd om de betekenis van het symbool te achterhalen in relatie tot uw vraag. Een enkele keer begrijpt u het antwoord pas achteraf. Houd vol en uw intuïtie zal steeds meer onthullen. Hoe meer ervaring u hebt in het lezen van kaarten, hoe duidelijker ze worden.

Als het antwoord dat u zoekt niet meteen duidelijk is, maak u dan geen zorgen en blijf niet piekeren over de kaarten – te lang staren leidt alleen maar tot verwarring en meer onduidelijkheid. De elektrochemische wegen van de hersenen die gedachten leiden tussen het bewustzijn en onderbewustzijn functioneren, net als een snelweg, beter als er geen opstoppingen zijn. Onthoud de boodschap en leg de kaarten weg. U moet uw geest wat tijd gunnen (misschien een dag of twee) om de verhelderende waarheid in te zien. Pas dan kan een diepgaande en innerlijk transformerende realisatie tot stand komen.

Het is verleidelijk om kaarten te lezen als geruststelling in perioden van innerlijke onrust, maar dat is geen goed moment om heldere antwoorden te krijgen. Als uw gedachten wazig en onduidelijk zijn, zullen uw interpretaties wellicht ook chaotisch en verward zijn. In dit geval moet u zich emotioneel losmaken. Probeer het opnieuw. Vraag indien nodig iemand anders om de kaarten voor u te interpreteren. Als u probeert op al uw vragen een antwoord te vinden, zorg er dan voor dat u op elke vraag apart ingaat. Uw techniek zal ook verbeteren als u uw interpretaties vastlegt en bekijkt wat de verschillen zijn met wat werkelijk gebeurt. Een dagboek van uw kaartlezingen en archetypische dromen leren u meer over uw onderbewustzijn en de speciale betekenis die bepaalde symbolen voor u hebben.

## De volgorde van de kaarten

De volgorde en nummering van de kaarten uit dit spel zijn ontworpen als een plattegrond van de ontwikkeling van de menselijke psyche.
De psyche (kaart 1) is de ziel en essentie; het wezen dat we zijn bij de geboorte als bewustzijn en onderbewustzijn nog niet gescheiden zijn.
De schaduw (kaart 2) vertegenwoordigt de scheiding van de psyche in een bewustzijn en een onderbewustzijn, schaduw en licht.
De bedrieger (kaart 4) verwijst echter naar misleiding. Vanaf het moment dat een baby een felgekleurd speeltje in zijn mond stopt en er achter

komt dat het niet eetbaar is, zal de bedrieger de psyche voortdurend verstrikt doen raken in een net van subtiele misleidingen. De kaarten vertegenwoordigen geen rechtlijnig ontwikkelingsverhaal, maar eerder een spiraal waarin het proces van individualisatie rondcirkelt.

De mandala (kaart 18) symboliseert het feit dat alle wegen van de psyche naar dezelfde plek leiden. De mandala is het centrum van de cirkel van 36 kaarten. De alchemist (kaart 35) en de eeuwigheid (kaart 36) bevinden zich aan het einde van het kaartspel omdat de krachten van transformatie en vernieuwing zich ontwikkelen naarmate men vordert op het jungiaanse pad. Wanneer u zich bevindt in het patroon van de archetypische kaarten zullen zij hun wijsheid aan u onthullen.

# DE KAARTEN

Als u een kaart uit het archetypische spel trekt, vindt u op de volgende bladzijden de kenmerken van het archetype en aanwijzingen voor de speciale betekenis die de kaart voor u heeft. U kunt ook mediteren over de bekrachtiging die u onder elke afbeelding vindt om de tegengestelde betekenissen van de kaart op u in te laten werken.

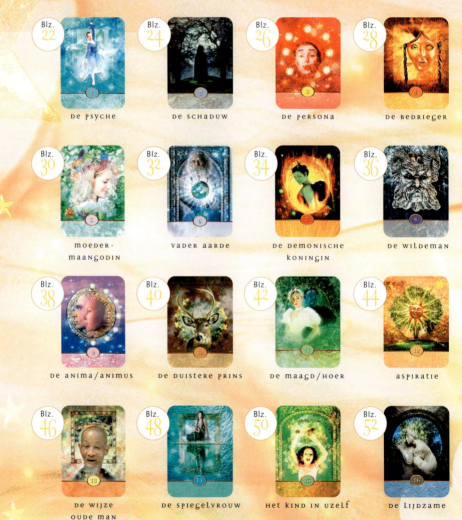

| Blz. 22 DE PSYCHE | Blz. 24 DE SCHADUW | Blz. 26 DE PERSONA | Blz. 28 DE BEDRIEGER |

| Blz. 30 MOEDER-MAANGODIN | Blz. 32 VADER AARDE | Blz. 34 DE DEMONISCHE KONINGIN | Blz. 36 DE WILDEMAN |

| Blz. 38 DE ANIMA/ANIMUS | Blz. 40 DE DUISTERE PRINS | Blz. 42 DE MAAGD/HOER | Blz. 44 ASPIRATIE |

| Blz. 46 DE WIJZE OUDE MAN | Blz. 48 DE SPIEGELVROUW | Blz. 50 HET KIND IN UZELF | Blz. 52 DE LIJDZAME |

*Kaart*

# 1

# De psyche

**KERNWOORDEN** *Essentie. Innerlijke realiteit. Kern. Ego. Bewustzijn. Waarheid. Inzicht. Idealen. Aangeboren karakter. Uw ware ik. Eeuwige vlam. Dingen van de geest. Mystieke kennis. Het deel van de ik dat onaangetast is door het leven. Wedergeboorte. Begin.*

Dit archetype karakteriseert de geest, uw ware ik of essentie. Het is wat we zijn aan het begin en aan het einde, wanneer het leven ons niet langer vormt. De kaart gaat over kernmotieven en de dingen die onveranderlijk en eeuwig zijn in de ziel. Het wijst op een behulpzame psychische ervaring en richtlijn en ook op de noodzaak juist te oordelen, trouw te blijven aan uzelf en doen wat uw ziel u gebiedt te doen. De kaart vertelt u dat er een tijd op komst is waarin het moeilijk zal zijn voor u om trouw te blijven aan uw ware karakter.

De kaart betekent ook onontwikkeld potentieel, talenten, krachten, inzichten of innerlijke kwaliteiten die de aankomende gebeurtenis naar voren zal brengen. Misschien ontmoet u iemand die u of uw opvattingen zal veranderen. Misschien experimenteert u met nieuwe ideeën of heeft u een ervaring die een diepgaand effect heeft op uw innerlijk. De ervaring kan zwaar zijn maar de geest ontwikkelt zich door contacten met de buitenwereld.

### MET DE WOORDEN VAN JUNG

*Zoals ik het zie is de psyche een wereld waarin het ego besloten ligt. Misschien zijn er vissen die geloven dat de zee in hen besloten ligt.*

Vrij vertaald naar C.G. Jung, *Alchemical Studies*

### OMGEKEERDE BETEKENIS

De omgekeerde kaart verwijst naar iemand die het zicht op zichzelf en zijn of haar doelen is kwijtgeraakt. Corruptie. Moeilijke veranderingen. Inschikken of ingaan tegen uw ware, psychologische aard. Negatieve psychische ervaring. Tijdelijk verlies van alle hoop. Beïnvloeding door anderen. De materiële wereld. Het lichaam. Omgaan met aardse zaken. Verloren of verwoeste idealen.

# De schaduw

**Kernwoorden** *Nachtmerrie. Onderbewustzijn. Onderdrukking. Beperking. Obsessie. Een gevoelige situatie, meestal onplezierig. Demonen van de geest. Fobieën. Tegengestelden: licht en donker, vriend en vijand. Algemene angsten voor oorlog, rampspoed en moord.*

Bij de geboorte maakt het bewustzijn deel uit van de geest die naar de wereld uitgaat. Alles dat in het ongewisse is achtergelaten is onderbewust, de schaduw. Dit is uw gemene tweelingbroer die staat voor alles dat u in de loop van uw beschavingsproces hebt onderdrukt: primitieve angst en haat, wreedheid, impulsen en het duistere onbekende. Ieders schaduw is uniek omdat we allemaal iets anders onderdrukken.

Deze kaart waarschuwt voor controleverlies, een onplezierige situatie of een vervelende ontmoeting waarbij de schaduw zijn werk zal doen. Deze confrontatie moet ervoor zorgen dat u naar uzelf kijkt, naar uw eigen duistere kant. Als u het onderliggende probleem van die situatie kent, zal uw eigen schaduw integreren met uw ziel en zult u groeien. Tot dat moment blijft u uw schaduw tegen het lijf lopen in beangstigende situaties of de kant van andere mensen.

## Met de woorden van Jung

*De duisternis die aan elke persoonlijkheid kleeft, is de deur naar het onderbewustzijn en de poort van dromen ...*

Vrij vertaald naar C.G. Jung, *Aion*

## Omgekeerde betekenis

Deze wijst op de negatieve beelden die uit uw schaduw voortkomen en de zaken waardoor u zich geïsoleerd en vervreemd voelt. Gevoelens van minderwaardigheid en vervolging. Depressie. Tijdelijke gekte en aftakeling van de geest. Angstgevoelens. Haatgevoelens. Psychose. Midlifecrisis. Instorten. Psychosomatische stoornis. Demonen uit het verleden.

Kaart 3

# De Persona

**KERNWOORDEN** *Pretentie. Dekmantel. Sluier. Fineer. De innerlijke acteur. Danser. Vermomde. Een rol spelen. Maatschappelijke labels. Geknipt zijn voor een baan. De sociale ik. Vertegenwoordiger.*

Tijdens ons leven maken we ons veel en verschillende maskers eigen, als acteurs die verschillende kostuums aantrekken voor de rollen die ze spelen. Dit is onze make-up, het gezicht waarvan we denken dat het onze ware ik verbergt en een beschermende cocon rond ons kwetsbaar ego vormt. Een masker is geen misleiding, het is een weergave van wat we hopen te zijn. We trekken het toepasselijke kostuum aan voor de rol; op ons werk heeft onze professionele persona te maken met klanten; thuis spelen we misschien de oppas van een jong kind.

Het leven bestaat uit miljoenen vermommingen en onze oudste maskers zijn zo verweven met onze persoonlijkheden dat we ze niet eens als maskers herkennen.

Wanneer deze kaart verschijnt, ziet of bent u de uiterlijke persoon, niet de innerlijke ziel. Omliggende kaarten kunnen u adviseren over het masker, de houding of methode die u moet aannemen voor een specifieke situatie waarmee u te maken hebt. De kaart kan een loopbaanverandering of een nieuwe rol in het leven voorspellen.

### MET DE WOORDEN VAN JUNG

*Dit masker, dat wil zeggen de spontaan aangenomen houding, heb ik de persona genoemd. Dit was de naam voor de maskers die acteurs in de oudheid droegen.*

Vrij vertaald naar C.G. Jung, *Psychologische Typen*

### OMGEKEERDE BETEKENIS

De omgekeerde kaart wijst op een overdreven identificatie met het masker. Excessieve ideeën van zelfbelang: de priester die denkt dat hij God is. Excessieve toewijding en superefficiëntie: mensen die niet meer worden dan de rol die ze spelen. Angst om het masker te laten zakken. Starre mensen die zijn afgesneden van hun eigen menselijkheid: de dictator, de fanaticus, het lege omhulsel. Instrumenten van een krachtigere macht.

# Kaart 4

# De Bedrieger

**Kernwoorden** *Ambivalentie. Goochelarij. Oplichter. Charlatan. Vos. Kameleon. Een misleidend beeld. Vermommingen. Het tegengestelde geloven. Geloven dat het masker het gezicht is, het goede het slechte. Paradox. De kracht van de zwakheid. Verwarring.*

Deze kaart vertegenwoordigt het denkbeeldige, de dingen die niet zijn wat ze lijken. Hij verwijst naar zelfbedrog, van het pad afwijken zonder het in de gaten te hebben. De bedrieger huist in het mysterieuze grensgebied tussen bewustzijn en onderbewustzijn, waar licht en schaduw trucjes uithalen en de geest zichzelf de verkeerde weg wijst. De vele bochten en kruisingen op deze weg door het schaduwland omvatten valse percepties, valse starten en de vooruitgang van een idioot. Mensen die aardig en plezierig leken, staan op het punt te veranderen in gemene mensen en andersom. Deze kaart waarschuwt u voor onverwachte wendingen. Verschijningen zijn verraderlijk misleidend en u kunt niet op uzelf vertrouwen. Hij daagt u uit de waarheid te vinden in uw huidige situatie en staat erop dat het leven u blijft misleiden tot u die waarheid gevonden hebt. De bedriegerkaart kan u zelfs waarschuwen dat de boodschap van de kaarten zelf misleidend is.

### Met de woorden van Jung

*We houden ons graag voor dat iets dat we niet begrijpen ons onmogelijk kan helpen. Maar dat is niet altijd het geval.*

Vrij vertaald naar C.G. Jung, *Archetypen*

### Omgekeerde betekenis

Omgekeerd verwijst deze kaart naar een vaardige manipulator die anderen te slim af is. Aanpassen, een situatie doorzien en het tij keren. De misleiden worden de misleiders. De omgekeerde kaart wijst ook op het nemen van risico's, gokken op iets dat de moeite waard kan zijn.

# moedermaangodin

**Kaart 5**

**Kernwoorden** *Collectief onderbewustzijn. Intuïtieve kennis. Passieve creativiteit. Geest van het vrouwzijn. Geheugen. Banden met het verleden. Stamboom. Baarmoeder. Zwangerschap. Zelfverzorging. Potentieel. Vruchtbare ideeën. Plannen die tot uitvoering komen.*

Het beeld van de moeder hecht zich op de zich ontwikkelende psyche. Deze kaart betekent verzorging en zekerheid – de ziel geven wat hij nodig heeft om te groeien. Hij gaat over huiselijkheid en familiebanden, de invloed van een goede, ondersteunende vrouw in uw leven, het feminiene principe. De kaart laat zien dat een project, relatie of situatie een stevige basis heeft; dat er een veilige, liefhebbende thuishaven is. Hij wijst op situaties en mensen die bekend, bemoedigend en heilzaam zijn: uw spirituele thuis en familie (dit zijn niet noodzakelijkerwijs het thuis van uw jeugd of biologische familie). De kaart kan ook verwijzen naar een carrière en de bescherming van een ervaren vrouw of de invloed van een wijze vrouw. Hij kan vooruitwijzen naar de toekomstige geboorte van een nieuw aspect in uw leven.

De kaart kan ook uw eigen moedernatuurkwaliteiten weerspiegelen. Of u nu een tuin aanlegt, minder ervaren werknemers begeleid of vader of moeder wordt, de kaart adviseert u om de moederfiguur te zijn die u graag zelf had willen hebben. Op deze manier onttrekt u het psychologisch goede aan uzelf aan uw achtergrond en laat u wat slecht is achter. Dit proces werkt helend.

### Met de woorden van Jung

*Hoewel de moederfiguur zoals die in de folklore voorkomt min of meer universeel is, verandert dit beeld opmerkelijk als het in de individuele psyche verschijnt.*

Vrij vertaald naar C.G. Jung, *Archetypen*

### Omgekeerde betekenis

Dit betekent het ontbreken van steun en de afwezigheid van een moederfiguur. Zelfverwaarlozing en u niet durven binden. Valse starten en afgeblazen projecten. Dingen die tegen uw familienormen ingaan. Onopgeloste problemen die teruggaan op uw jeugd. Psychologische problemen die stammen van een problematische moeder-kindrelatie.

Onder mijn zorgzame handen bloeit alles op als in een tuin. Niets wordt verwaarloosd en oude wortels krijgen nieuwe bloemen.

# Kaart 6

## VADER AARDE

**KERNWOORDEN** *Kennis van het verstand. De materiële wereld. Actief creatief potentieel. Capaciteit. Behulpzame vaderfiguur. Weldoener. Materieel succes in nieuwe bedrijfsinitiatieven. Conventionele paden van prestaties. Religie. Patriarch op het werk en thuis. Vaderschap.*

Deze kaart duidt op de beïnvloeding van de psyche door het beeld van de vader als kostwinner, beschermer en regelgever. We ontmoeten hem in de loop van ons leven steeds opnieuw in andere behulpzame mannelijke figuren. Deze kaart wijst op een goede mannelijke vriend die zijn verantwoordelijkheden wil delen; patronen van mannelijke conventies; de invloed van het masculiene principe op uw leven; de vader in uzelf; de goedaardige god. Hij verwijst naar bemoediging, advies en steun van een sociaal gevestigde man; een wijze praktische adviseur; iemand die zorgt voor geld en andere wereldse zaken; betrouwbaarheid of een goede basis. Hij wijst op materieel succes voor een nieuw bedrijf. Voor mannelijke adviseurs verwijst de kaart ook naar een ouder mannelijk voorbeeld of de ervaring van mannelijke vriendschappen.

De kaart kan een bijeenkomst of situatie voorspellen die u helpt om met uw gevoelens ten opzichte van uw vader om te gaan. Gebruik de vaderaarde-kwaliteiten in uzelf om anderen als een goede herder te leiden. De kaart wijst er echter ook op dat de macht om verandering te bewerkstelligen niet alleen in uw handen ligt: een hogere autoriteit of een andere persoon heeft het laatste woord.

### MET DE WOORDEN VAN JUNG

*Door middel van de vaderfiguur drukt hij niet alleen een conventionele mening uit maar ook wat wij 'geest' noemen ...*

Vrij vertaald naar C.G. Jung, *Aion*

### OMGEKEERDE BETEKENIS

De omgekeerde kaart duidt op problemen met zelfbevestiging en met hooggeplaatste figuren. Armoede, niet in staat zijn kostwinner te zijn, onvermogen in elke situatie. Afwezigheid van de vader of praktische materiële steun. Het ontbreken van morele verantwoordelijkheid en de schuld in andermans schoenen schuiven. Afgeblazen projecten. Alles inzetten op onbetrouwbare zaken. Een behoefte onafhankelijkheid te creëren.

*Kaart* 34

# DE DEMONISCHE KONINGIN

**KERNWOORDEN** *Een vernietigende macht. Een gevaarlijke vrouw in de buitenwereld. Een verslinder. Uw eigen innerlijke demonen. Angst voor de ik. Afgunst. Jaloezie. Hebzucht. Woede. Een verziekte relatie. Onstabiele situaties. Opstandigheid tegen sociale stereotypen.*

Deze kaart verwijst naar de schaduwzijde van het moederarchetype (wiens 'ware' aspect wordt vertegenwoordigd door kaart 5): een machtige, bezitterige en jaloerse vrouw. Hij verwijst naar een verslinder, die voor u denkt, uw leven voor u leeft, u emotioneel gevangenhoudt zodat niemand anders aanspraak op u kan maken. Deze kaart waarschuwt voor een meedogenloze vrouw die iets van u zal wegnemen, of het nu gaat om geld, hoop, kracht of illusies. De kaart kan echter ook verwijzen naar de negatieve aspecten van uw eigen psyche, die dit ook allemaal kunnen aanrichten. De verschijning van de kaart suggereert situaties die uw gebrek aan onafhankelijkheid, angst voor afkeuring en straf of schuldgevoelens tonen. Emotionele afpersing of afhankelijkheid van iemand die u niet noodzakelijkerwijs gelukkig maakt, kan ook worden bedoeld.

Voor een man kan de kaart ook aantonen dat hij alle onopgeloste aspecten van zijn moederrelatie of wat hij het meest haat en bevreest in vrouwen projecteert op een ander. Voor hem betekent de kaart een ingewikkelde relatie. Voor een vrouw kan de kaart verwijzen naar de duistere zijde van de ziel, humeurigheid. Het kan ook verwijzen naar iemand die rebelleert tegen de traditionele vrouwelijke rol.

### MET DE WOORDEN VAN JUNG
*De vrouw wordt, net als de man, omhuld door een sluier van illusies door de haar zo goed bekende demon ...*
Vrij vertaald naar C.G. Jung, *Aion*

### OMGEKEERDE BETEKENIS
De omgekeerde kaart duidt op een obsessieve hang naar een persoon of situatie. Een zelfgemaakte emotionele gevangenis. Bindende relaties in de liefde, het werk of de familie. Verlatingsangst. Ziekte. De onderbewuste keuze voor een partner die qua karakter tegengesteld is aan zijn moeder om de psychologische wonden die zij gemaakt heeft te helen.

*Kaart*

# 8

# DE WILDEMAN

**KERNWOORDEN** *Machtsmisbruik. Onvermogen met autoriteit om te gaan. Seksuele angsten. Onderdrukte boosheid. Angst voor de vader leidt tijdens de volwassen jaren tot timiditeit, opstandigheid of dominantie. Confrontatie met een tiran.*

Deze kaart gaat over de duistere kant van het vaderarchetype (wiens 'ware' aspect wordt vertegenwoordigd door kaart 6). Of iemand nu overdreven onderdanig of juist opstandig is, problemen met discipline of autoriteit komen altijd voort uit zijn archetype. De wildeman kan ook de aanstichter vertegenwoordigen, de machine, het systeem – geld en macht. De kaart voorspelt lafheid, voorzichtigheid en afkeer door de angst voor de fysieke gevolgen, uit angst voor het verdwijnen van steun, liefde of instemming. Er kan ook een angst zijn om vernietigd te worden door iets wat groter is dan iemand zelf. De kaart duidt op het ontwijken van een situatie, misschien door opstandig te worden. Koppige tegenstand kan stoer lijken, maar is vaak toch een soort van uitvlucht. Deze kaart duidt ook op een angst voor iets onbekends waarmee men niet geconfronteerd wil worden.

Tot u zichzelf weer in het gareel hebt, blijven uw verzwakte krachten onderdrukt, niet door de wildeman – hij heeft duizenden verschijningen in het leven – maar door uw eigen zwakheid, die maar één verschijningsvorm kent. U kunt macht hebben. Ware macht kruipt, rent, rebelleert of domineert niet. In plaats daarvan werkt hij voor het algemeen goed en de verbetering van alles.

**MET DE WOORDEN VAN JUNG**
*Alles dat eens leefde, de creatieve energie in hem keerde zich nu tegen hem met een afschuwelijk vernietigende kracht.*
Vrij vertaald naar C.G. Jung,
*Zwei Schriften über analytische Psychologie*

**OMGEKEERDE BETEKENIS**
Dit suggereert voldoende groei om een conflict rustig aan te gaan en dapper te weerstaan. Een beproeving tegemoet zien. Op gelijke voet staan met autoriteit of mensen met meer macht, status of geld. Onderbewust een partner kiezen die het tegengestelde is van uw vader om de littekens te genezen die hij heeft achtergelaten in de psyche.

## Kaart 9

# DE ANIMA/ANIMUS

**KERNWOORDEN** *Mannelijke en vrouwelijke helften van een karakter. Tegengestelden. Eén worden. Vereniging. Seks. Ontmoeting van geesten. Een dubbele ziel. Weerspiegeling van de ik. Liefde die u emotioneel voltooit of verwoest. Bedrijfsfusie of overname. Partners.*

Alles bevat in tegenstelden. De vrouwelijke eigenschappen in een man zijn de anima, terwijl de mannelijke eigenschappen in een vrouw de animus zijn. Jungs beschrijving van de 'masculiene' eigenschappen (competitiegeest, ambitie, leiderschap, actie) en 'feminiene' eigenschappen (creativiteit, gevoeligheid, zachtheid, toewijding) lijken nu ouderwets. Deze beelden symboliseren de worsteling van de anima/animus – de worsteling om psychoseksuele eenheid die begint als we ons gaan identificeren met een van de geslachten.

Deze kaart vraagt u uw vrouwelijke en mannelijke eigenschappen te laten versmelten om iets tot voltooiing te brengen. Hij vertelt u dat bepaalde delen van uw karakter zich uiteindelijk met elkaar zullen verenigen en tot een eenheid zullen komen. Het is ook een teken dat er liefde in uw leven zal komen of dat een bestaande relatie belangrijker zal worden. Als de anima/animus helemaal in de persoon is geïntegreerd, hebben liefde en realiteit elkaar gevonden, zonder de verslavende dwaasheid of verblindende verliefdheid.

### MET DE WOORDEN VAN JUNG
*Wanneer een gepassioneerde, bijna magische relatie bestaat tussen de geslachten, gaat het zonder uitzondering om een geprojecteerd zielenbeeld.*
Vrij vertaald naar C.G. Jung, *Psychologische typen*

### OMGEKEERDE BETEKENIS
Dit duidt op een excessieve projectie van de anima/animus op een andere persoon. Als een man wordt afgesneden van zijn vrouwelijke kant, of een vrouw van haar mannelijke kant, zal de anima/animus niet geïntegreerd worden maar juist naar buiten geprojecteerd, wat leidt tot de obsessie voor een illusie. Een onweerstaanbare verliefdheid. Een verhouding met iemand die ideaal lijkt, maar het niet is. Een verbroken relatie.

## DE DUISTERE PRINS

**KERNWOORDEN** *Een mannelijke spirituele gids. De animaprojectie van een man. De onbeantwoorde liefde van een vrouw. Verboden verlangens. Afhankelijke of rebelse man. Weigeren om een man te worden. Transformatie. De betovering van de liefde.*

Voor een vrouw voorspelt de kaart een onbereikbare man of een onrealiseerbare ambitie. Binnen zichzelf kan het ideaal haar bevrijden van schuld, remmingen en de afhankelijkheid van ouderlijke figuren en haar de kracht geven te leven zoals zij wil. Wat haar onbereikbare man of onrealiseerbare doel ook vertegenwoordigt – of het nu macht, status, kracht of populariteit is – ze moet het in zichzelf vinden om geïntegreerd te kunnen zijn. Het lot zal dan veranderen en haar doelen zullen binnen handbereik komen.

Voor een man zegt de kaart dat hij de twee aspecten van zijn seksualiteit moet verenigen: verantwoordelijke man en onvolwassen jongen. Wanneer zij gescheiden blijven, zal hij in zijn relaties seksuele of psychologische problemen ondervinden.

Voor iemands innerlijk verwijst deze kaart naar zaken als zekerheid en uzelf worden. Deze worsteling kan de vrijmaking van een 'ouderarchetype' inhouden, zoals een bedrijf, huis, geboorteplaats, huwelijk of levensstijl, om iets beters te kunnen vinden. Extern verwijst de kaart naar dingen die niet te krijgen zijn. Uiteindelijk gaat het allemaal om de innerlijke kracht om zich te verzekeren van wat men wil.

### MET DE WOORDEN VAN JUNG

*Waar de liefde heerst, is geen wilskracht en waar wilskracht is, ontbreekt liefde. De een is slechts de schaduw van de ander.*

Vrij vertaald naar C.G. Jung,
*Zwei Schriften über analytische Psychologie*

### OMGEKEERDE BETEKENIS

Dit verwijst naar een schaduwanimus (zie kaart 9) die de slechtste mannelijke elementen bevat van de schaduw van een vrouw (zie kaart 2). Een destructieve man. Een man van wie een vrouw denkt dat alleen zij hem kan veranderen (dat kan ze alleen maar als ze eerst aan haar eigen schaduw werkt). Voor een man betekent de omgekeerde kaart een problematische relatie die het slechtste in hem losmaakt.

Kaart 11

# De maagd/hoer

**KERNWOORDEN** *Niet-werkende emotionele of seksuele relaties. Voor een man, de schaduw. Voor een vrouw, de projectie van een 'geweldige man' of 'afschuwelijke man'. Onvervulde liefde. Een onbereikbaar ideaal. Een vrouwelijke spirituele gids. Psychoseksuele volledigheid.*

Voor een man vertegenwoordigt deze kaart een onweerstaanbare vrouw die zijn leven kan veranderen. Hij moet deze ideale vrouw met zijn realiteit integreren; als hij hierin niet slaagt, zal hij zijn partners in twee categorieën blijven indelen: maagden en hoeren. Intimiteit kan leiden tot het afbrokkelen van een ver en perfect ideaal, maar als de vrouw een ideaal blijft kan de relatie niet tot wasdom komen. De aspecten van maagd en hoer moeten verenigd worden omdat anders een pijnlijke, ongelukkige relatie het gevolg zal zijn.

Voor een vrouw is deze kaart een teken dat zij aspecten van de hoer/maagd in zichzelf moet oplossen. Ze kunnen verwijzen naar een emotionele maagd, die op een bepaald niveau altijd afgezonderd blijft. Misschien is seks wel het enige dat zij in een relatie met de ander deelt. De kaart kan ook een verwijzing zijn naar een emotionele hoer die haar identiteit, trots en kracht verkoopt.

Als mannen en vrouwen deze twee helften integreren, kunnen zij groeien. De vrouw zal een volledige vrouw worden met al haar krachten. De man zal de totaliteit van een vrouw accepteren en daardoor zelf volledigheid vinden. De kaart kan naar liefde verwijzen, maar ook waarschuwen voor een keuze tussen principe en persoonlijk gewin of tussen kunst en winst.

## MET DE WOORDEN VAN JUNG

*De anima is bipolair en kan daarom het ene moment positief en het andere moment negatief lijken; nu eens oud dan weer jong; nu eens moeder dan weer maagd; nu eens de goede fee dan weer de heks; nu eens de heilige dan weer de hoer.*

Vrij vertaald naar C.G. Jung, *Aion*

## OMGEKEERDE BETEKENIS

Dit verwijst naar evenwicht. Gelukkige relatie in het werk en in de liefde. Een persoon of situatie is alles wat gewenst is. Succesvol compromis. Integratie met iemands anima/animus (zie kaart 9). Een goede minnaar. Voldoening. Een persoon die zowel hoer is als maagd en wanneer men beide is, is men geen van tweeën.

Kaart

# 12

# aspiratie

**KERNWOORDEN** *Volwassen relatie. Innerlijke goeroe. Nieuwe gaven. Rijk potentieel. Aanvoering door iemands eigen ervaring. Bereikbare ambities. Speciale talenten. Promotie. Vooruitgang. Spirituele groei naar een hoger niveau. Volledigheid.*

Deze kaart vertegenwoordigt zowel de hogere vrouwelijke ik als de hogere mannelijke ik. Als de anima/animus-worsteling achter de rug is en de tegengestelden in de psyche zijn verenigd, komt een krachtige, potentere, holistische ik naar boven. Deze kaart trekken, betekent dat u zowel innerlijk als uiterlijk veel in uw mars hebt en zult slagen in toekomstige ondernemingen in de wereld. De kaart verwijst naar de hogepriester of -priesteres in u, die u leidt door uw eigen ervaring en wijsheid en u succesvol en gelukkig maakt bij alles wat u doet.

De kaart belooft succes in uw loopbaan, macht, zelfvertrouwen en vermogen. Hij kan ook verwijzen naar diepgaande liefde en romantiek die een serieuze fase gaan betreden. U hebt misschien al succes bereikt maar er ligt een leven voor u dat nog meer voldoening geeft, een leven waarin u alles kunt inzetten dat in u zit. De kaart belooft de volgroeiing van een project of uzelf, wanneer innerlijke heling en volledigheid succes in de buitenwereld garanderen. Ook verlaat u een ongelukkige toestand en laat een moeilijke relatie, worsteling of verdrietige situatie in het leven achter u.

**MET DE WOORDEN VAN JUNG**
*De boom draagt blad en te midden daarvan komt de zon op.*
C.G. Jung, *Alchemical Studies*

**OMGEKEERDE BETEKENIS**
Dit verwijst naar niet bereikte doelen of een moeilijkere weg naar succes dan nodig is. Het andere geslacht als concurrentie zien. Teruggetrokken zijn door problemen met de seksuele geaardheid of geslachtsidentificatie. Een vrouw die is afgesneden van haar vrouwelijkheid loopt het gevaar een imitatieman te worden in plaats van krachtig op haar eigen wijze. Een man gescheiden van zijn mannelijkheid.

12

Ik heb geen rivalen. Ik vecht niets van mijzelf in anderen aan. In het brede perspectief van het leven met al zijn kansen, wordt niets mij ontzegd.

## Kaart 13

# DE WIJZE OUDE MAN

**KERNWOORDEN** *Wortels en voorouders. Erfenis. Intuïtie. Traditionele kennis. Het spiritistische medium. Banden met andere sferen, tijden en wezens. Mensen die hun tijd vooruit zijn. Het oude en het nieuwe. Zich verdiepen in de bronnen van het spiritisme.*

*D*it is de kaart van de oude wijsheid. Hij vertegenwoordigt de bron van voorouderlijke kennis en raciaal geheugen, het deel van de psyche dat een band heeft met verleden en toekomst. De psyche is als een kind dat door de tijd omhuld is. In tegenstelling tot onze bewuste geest wordt de ziel niet beperkt door tijd – hij heeft het vermogen zich op te trekken aan de wijsheid van de wijze oude man van de toekomst. Deze wijze oude man is de persoon die u over twintig jaar zult zijn en de kennis van de wereld zoals die over honderd jaar zal zijn. Er is ook een wijze oude man van het verleden, die niet alleen staat voor uw persoonlijke ervaringen uit het verleden, maar ook voor die van uw voorouders of de ik zoals die eeuwen geleden was in vroegere incarnaties.

Het verschijnen van deze kaart duidt op de behoefte aan een band met dit grenzeloze inzicht en deze tijdloze psychische kracht en het vermogen het aan te trekken. Op een aards niveau betekent dit goed advies, therapie en inzicht. U kunt dit archetype herkennen in experts die beschikken over alle kennis die hun beroep vereist. De kaart kan ook verwijzen naar de ontwikkeling van ongebruikelijke voorspellende gaven.

### MET DE WOORDEN VAN JUNG

*Als mensen zeggen dat zij wijs of een wijsgeer zijn, kan ik dat niet accepteren. Iemand haalde eens een hoedvol water uit een rivier.*

Vrij vertaald naar C.G. Jung,
*Herinneringen, Dromen, Gedachten*

### OMGEKEERDE BETEKENIS

Dit toont aan dat uw antwoord in het heden of materiële sferen ligt. Ga logisch of volgens hedendaagse methoden te werk en niet intuïtief of volgens oude methoden. Negatief gezien betekent de kaart een betreurenswaardig contactverlies met de oude wijsheid. Alleen voor vandaag leven. Een onvermogen het verleden met de toekomst te verbinden. Psychologische handicap. Onvolgroeidheid.

# Kaart 14

## DE SPIEGELVROUW

**KERNWOORDEN** *Illusie. Vervorming. Imitatie. De zoektocht naar iemands ware wezen. Een onherkenbaar aspect van de ik. Kwaadaardige tweelingbroer. Een omgekeerde wereld. Projectie. Uw eigen emoties verschuiven naar iets anders.*

Wat u op anderen projecteert is het spiegelbeeld van wat u in uzelf ontkent. De spiegel van de geest is vervormend en daarom herkent u uw eigen portret niet. Is het meisje werkelijk zo vreselijk of bekritiseert u haar om uzelf gerust te stellen. Het is uw eigen kwetsbare, verbleekte uiterlijk dat u afschrikt en het feit dat u voelt dat u niet zonder ze kunt om te slagen. Zij die vol vuur de dief verachten, pretenderen eerlijk te zijn, maar diep van binnen zouden zij graag iets voor niets willen ontvangen. Mensen die een explosief karakter haten, willen niet hetzelfde zijn als de woedende gek, maar verachten in werkelijkheid hun eigen onderliggende boosheid.

De buitenwereld weerspiegelt de innerlijke wereld. De dingen die uw haat voor anderen losmaken, zijn die aspecten in uzelf die u het meest hebt onderdrukt. Wat u in een ander tegenkomt, is dat wat u psychologisch bij uzelf moet onderzoeken. Zelfverbeelding is de onderwerping van de ziel. Deze kaart vertelt u in de spiegel te kijken. Als u de spiegelvrouw tegenkomt, kunt u iets moois of iets lelijks zien, maar u bent het altijd zelf.

### MET DE WOORDEN VAN JUNG

*Hoe meer projecties tussen het onderwerp en de omgeving worden geplaatst, des te moeilijker wordt het voor het ego om door de illusies heen te kijken.*

Vrij vertaald naar C.G. Jung, *Aion*

### OMGEKEERDE BETEKENIS

Dit betekent zelfbewustzijn en het einde van een illusie. Uzelf aan anderen tonen zoals u bent. In negatieve zin kunt u de houdingen, handelingen en ideeën van een ander overnemen in plaats van uzelf te zijn. In iemands handen vallen. Bewuste of onbewuste imitatie. Dingen die geen diepte hebben, oppervlakkige beelden.

*Kaart*

# 15

# Het kind in uzelf

**Kernwoorden** *Onvolwassen gedrag. Pijn. Hebzucht. Kern van mogelijkheden. Onschuldige ik. Naïviteit. Weerloosheid. Initiatie. Wedergeboorte. Cocon. Dat wat kan groeien of het kind dat vastzit in de tijd en nooit zal groeien. Bevrijding van materiële zorgen. Spel.*

Het kind in uzelf vertegenwoordigt die aspecten van de psyche die zijn achtergelaten toen u volwassen werd: onschuld, naïviteit, kinderachtigheid en alle aspecten in u die niet zijn meegegroeid. Als u een driftbui krijgt zoals een peuter, misdraagt het kind in u zich. Als u zich gekwetst voelt door iets dat een verstandiger persoon niet zou raken, huilt het kind in u. Het kind in u is niet dom, overdreven emotioneel of onbeheerst, maar een onhandelbare geest, onervaren en onwetend; het deel van u dat niet volwassen kan reageren. Het kind in uzelf is een jongere versie van u maar ook de versie van degene die u nu bent – omdat dit deel van u zich niet ontwikkeld heeft. Het is uw taak om het kind in u te laten groeien.

Als u deze kaart trekt, wijst dat meestal op onvolwassen en pijnlijk gedrag. Afhankelijk van de situatie is er ook een behoefte om ergens fris tegenaan te kijken, door de ogen van een pasgeboren kind. De kaart gaat over de wijsheid van een gek, onschuld, diepgaand lijden, vertrouwen, kinderachtig zijn. Het verschijnen van de kaart zegt dat er potentieel is voor innerlijke groei of de behoefte om kinderlijk gedrag los te laten.

## Met de woorden van Jung

*De kleine jongen is er nog steeds en heeft een creatief leven aan welke het mij ontbreekt. Maar hoe kan ik daar weer naar terugkeren?*

Vrij vertaald naar C.G. Jung,
Herinneringen, Dromen, Gedachten

## Omgekeerde betekenis

Dit duidt op onvolgroeide psychologische ontwikkeling. Een rigide gedragspatroon dat u als kind hebt aangeleerd, verspeelt nu uw kansen. Verwend-kind-syndroom. Mensen in een levenslange chagrijnige bui, die zichzelf werk of een partner ontzeggen omdat ze niet de verheven zaken kunnen krijgen die ze zouden willen bezitten. Weigering zich aan te passen, om de wereld te accepteren zoals hij is. Gebrek aan potentieel. Terugval.

## Kaart 16

# De Lijdzame

**KERNWOORDEN** *Delen van de psyche die versterking nodig hebben. Afhankelijke en wederzijds afhankelijke relaties. Eeuwige slachtofferrol. De hulpeloze. Arme ik en heb medelijden. Martelaar. Mijn ergste vijand. Zelfondergang. Huis van weeklachten. Tekortkoming. Hulpeloosheid. Prins op het witte paard. Overlevende.*

Slachtoffers willen niet altijd gered worden. Sommigen keren steeds opnieuw terug naar hetzelfde gevaarlijke moeras en trekken je mee naar beneden als je ze probeert te redden. De zwakken en kwetsbaren kunnen de kracht van een vampier hebben, die u dwingt uw leven in te richten rond de angst hen overstuur te maken.

Dit archetype houdt stand door dapper en onnodig te lijden ten gunste van de liefde, de kinderen of een verloren zaak. De kaart vertegenwoordigt de zieke die gezond zou kunnen zijn, maar die er hun beroep van maken anderen te beheersen met hun ziekte. Hun ziekte vervult een psychologische behoefte en als iets positiefs dreigt te gebeuren, zetten zij hun eigen ongeluk in.

Gebruikt iemand vasthoudend zijn tekortkomingen om u te manipuleren? Of maakt u zelf een gewoonte van uw eigen ellende? Deze kaart duidt op de noodzaak uzelf te redden van uzelf en uw eigen vermogens te hervinden. Door te blijven zoals u bent, bent u zelf en niet anderen of omstandigheden schuld aan uw eigen ongeluk.

### MET DE WOORDEN VAN JUNG
*Het is vaak tragisch om te zien hoe iemand overduidelijk zijn eigen leven en dat van anderen verprutst en totaal niet ziet hoe de hele tragedie uit zichzelf voortkomt en hoe hij deze blijft voeden en in leven houdt.*

Vrij vertaald naar C.G. Jung, *Aion*

### OMGEKEERDE BETEKENIS
Dit betekent een jager, een vechter, een roofdier. Kracht die is verkregen door lijden. Een uitdaging die dapper moet worden aangegaan om de psyche te veranderen. De zelfredder, de ontmoedigde die leert vechten. Negatieve aspecten zijn wraakzucht, agressie, onrechtvaardige gemeenheid ten opzichte van anderen door iemands eigen ongelukkigheid.

*Kaart*

# 17

# De patriot

**Kernwoorden** *Banden met de omgeving. Bezittingen. Verbonden zijn met de stamboom. Geschiedenis. Patriottisme. Deel uitmaken van de groep, massa of club. Ik en m'n clubje. Partij kiezen. Niets is sterker dan de familieband. Als je niet met mij bent, ben je tegen mij.*

De patriot vertegenwoordigt dat deel van u dat kracht en zekerheid zoekt bij de stam of clan. Hij verwijst naar uw band met de familie, geboortestad, sportvereniging of land. Hij moedigt u aan na te denken over uw raciale achtergrond, groepsinstinct, trots voor uw eigen en familiegeschiedenis of zelfs de angst voor buitenstaanders. Bent u een supporter van de groep of ondersteunt de groep u? Bent u misschien moediger in een grote groep?

Als uw psyche te zeer doordrongen is van dit archetype kunt u familieziek, fanatiek, racistisch of homofoob worden. Te weinig van de patriot wijst op een gebrek aan trouw of plicht met geen enkel gevoel voor uw thuisland of bezittingen. Op welke manier opereert het archetype in uw leven? Ligt uw kracht binnen uw familie, soortgenoten of land? Of streeft u naar onafhankelijkheid? De zaken die bij deze kaart onderzocht moeten worden, omvatten familie-ethiek, gewoonten, ingaan tegen de clan en gehoorzaam of ongehoorzaam zijn aan de familieverwachtingen.

### Met de woorden van Jung

*Het kan een plezierig gevoel geven om een van tienduizend schapen te zijn!*

Vrij vertaald naar C.G. Jung, *Archetypen*

### Omgekeerde betekenis

Dit wijst op conflicterende banden. Geloof in uzelf vinden om alleen op te durven komen tegen de massa. Verdrongen geest. Herontdekt thuisland. Gedesillusioneerd zijn in de groep. Uzelf onterven. Medelijden met de andere partij. Verraad. Bent u de verrader of wordt u verraden?

# De mandala

**Kernwoorden** *Volledigheid. Orde scheppen in chaos. Een helende droom. Een voorteken. Een weg vinden door het labyrint van het leven. Het rad van lotsbestemming. Cycli en seizoenen. Caleidoscoop. Een reis voorwaarts. De onderbewuste kracht om volledigheid te scheppen.*

Deze kaart verwijst naar de chaotische of heldere levensomstandigheden die samen een puzzel vormen. De mandala is de doolhof. Hij vertegenwoordigt de manier waarop alle wegen van de psyche naar een centraal punt leiden, de essentie van de ik – de totaliteit van het individu in zowel bewuste als onderbewuste aspecten. De kaart komt vaak te voorschijn wanneer voortekens of betekenisvolle toevalligheden ('synchroniciteit') in uw externe wereld plaatsvinden. Zijn verschijning is een teken dat u de goede kant opgaat, dat de dingen op zijn plaats beginnen te vallen in uw leven. Er vindt een verandering in het patroon plaats.

De kaart vertegenwoordigt persoonlijke groei, een vervulling van het lot of het rechtzetten van zaken. Het belooft dat orde in het leven mogelijk is. U bent in staat de rommelige en storende elementen te verwijderen uit uw leven of psyche, of ze in harmonie te brengen met uw leven of uzelf. De orde is al latent aanwezig in de chaos.

### Met de woorden van Jung
*Als een mandala beschreven wordt als een symbool van de ik gezien in een dwarsdoorsnede, dan zou de boom een zijaanzicht laten zien: de ik als een proces van groei.*

Vrij vertaald naar C.G. Jung, *Alchemical Studies*

### Omgekeerde betekenis
De omgekeerde kaart duidt erop dat het lot u slecht gestemd is. Niets komt tot een geheel. Chaos scheppen in de orde. Dingen zijn niet logisch. Aan het langste strootje trekken. Een doolhof. Iets klopt niet, er ontbreekt een stuk, waardoor de machine, het project of de relatie niet kan werken. Nog niet af, waardoor u niet verder kunt. Verstoorde psyche. De verkeerde doelen nastreven.

*Kaart*
**19**

# De Gevangene

**Kernwoorden** *Gekooide geest. Ikzelf als de bewaker, ikzelf als de gevangene. Zelf opgelegde beperkingen. Vastzitten. Obsessie. Verslaving. Herhaaldelijke terugval. Terugkeer naar het verleden. Ontknoping. De gewoonte doorbreken. Vechten voor vrijheid.*

Deze kaart betekent dat u gevangengehouden wordt door iets dat zowel dodelijk verslavend als ondoorgrondelijk is. Of het nu gaat om een liefdesrelatie, een ambitie, hebzucht, luiheid of faalangst, het is niet wat het aanvankelijk lijkt. We zijn alleen een gevangene van het onbekende. Als u geobsedeerd bent door liefde, wordt u niet vastgehouden door uw geliefde, maar door de betekenis van deze verbinding voor uw psyche. Obsessieve liefde voor een machtige persoon kan bijvoorbeeld een minderwaardigheidscomplex maskeren. Het achterhalen van de bron van deze verleidelijke macht kan u onmiddellijk bevrijden.

Als de vreugde van een prestatie steeds snel vervaagt en u altijd gemarteld wordt door uw eigen ambities, als u meer geld hebt dan u ooit zou kunnen uitgeven maar nog steeds vreselijk hebzuchtig bent, bent u een gevangene. Zonder vrijheid kan de wereld aan uw voeten liggen zonder dat u er iets van bezit. Deze kaart adviseert u onder het oppervlak te graven. Iets staat uw vooruitgang in de weg en u zit vast. Niet erkende verslavingen, lusten, angst voor eenzaamheid of de vergeten cycli van het verleden kunnen u allemaal gevangenhouden. Alleen uw psyche bevat de sleutel en deze kunt u alleen vinden door een dieper begrip van uzelf.

### Met de woorden van Jung
*Wat heeft hij aan zijn toppositie en zijn brede horizon, als zijn dierbare ziel gevangenzit?*

Vrij vertaald naar C.G. Jung, *Archetypen*

### Omgekeerde betekenis
Dit betekent onafhankelijkheid, zelfbeheersing en kracht. Baas zijn over zichzelf. De boeien afwerpen. Keuzevrijheid. Beperkingen, remmingen en verslavingen overwinnen. Een voorteken dat zegt dat u spoedig vrij zult zijn van iets dat u emotioneel, mentaal of materieel vasthield.

**19**

*Ik werp alles omver dat mij van binnen en van buiten vasthoudt. De valstrikken en verleidingen van het leven zijn niet bij machte mij tot hun slaaf te maken.*

## Kaart 20 — DE GEWONDE HEELMEESTER

**KERNWOORDEN** *Therapeut. Zich van complexen ontdoen. Innerlijk besef dat uw leven verandert. Helende ervaringen. Het verleden een plek geven. Verder gaan. De gewonde heelmeester en de helende gewonde, in de vorm van een chirurg of tandarts.*

De gewonde delen van uw psyche bestaan in u als gewonde wezens, maar u bezit de gave ze weer te genezen. Deze kaart vertegenwoordigt de vergevende, verzachtende en alles helende innerlijke stem. Als deze kaart verschijnt, zal een alledaagse ervaring u zacht en mooi helen. Het kan gaan om een kleine gebeurtenis die uw verstoorde vertrouwen in de mens herstelt of een fantastische kans die u verloren macht en zelfvertrouwen teruggeeft. De kaart kan ook lichamelijke genezing betekenen. In de buitenwereld kan de heelmeester een arts of advocaat zijn die uw leed op de een of andere manier verzacht.

De andere kaarten die u trekt, zullen u vertellen wat heling nodig heeft. Als de heelmeester optreedt met het kind in uzelf (zie kaart 15), zal een deel van u groeien en volwassen worden of zal een wond uit uw jeugd genezen. Als de heelmeester verschijnt met de vrek (zie kaart 28), zult u pijnlijke herinneringen loslaten en troost en vergeving vinden. De kaart kan er ook op duiden dat u in staat bent iemand anders te helpen, omdat u het pad al bewandeld hebt waarop zij nu worstelen en waarvan u sterker bent geworden.

### MET DE WOORDEN VAN JUNG

*Alleen wat iemand echt zelf is, kan genezen.*

Vrij vertaald naar C.G. Jung,
*Zwei Schriften über analytische Psychologie*

### OMGEKEERDE BETEKENIS

De omgekeerde kaart waarschuwt voor een mogelijke ontmoeting met het kwaad. De slager die psychologische wonden toebrengt. Wreedheid en pijn. Een teken dat het lichaam of de ziel niet over een trauma uit het verleden heen is.
Zenuwinzinking. Mentale of lichamelijke zelfverminking. Een remedie die meer kwaad aanricht dan goed. Zich afwenden van zaken die voor genezing zouden kunnen zorgen.

# macht

**Kernwoorden** *De Christus van binnen; de machthebbende van buiten. Leidinggevende kwaliteiten. Autoriteit. Status. Wijsheid. Vertrouwen. Een nieuwe macht. Een nieuwe autoriteit. De macht van geld of overtuiging. Het vermogen invloed uit te oefenen op de wereld.*

Van het overlevingsinstinct blijven alleen het lot in eigen handen nemen en het zoeken naar macht over. Wanneer u deze kaart trekt, heeft de ziel een bepaalde situatie al overleefd en de controle opgeëist. Hij is er nu klaar voor om het lot in eigen handen te nemen. Wanneer u bekwaamheid om weet te zetten in zelfvertrouwen, verandert simpelweg overleven in macht. Wanneer u een moeizame worsteling omzet in succes, maakt het gevecht u sterk. Deze kaart staat voor prestaties en het vergroten van uw macht.

Hij kan verwijzen naar een promotie of het verkrijgen van autoriteit of expertise. Het kan ook verwijzen naar het vinden van kracht in uzelf om met moeilijke situaties om te gaan. Hij belooft macht over anderen en situaties.

Macht verkrijgen is de eerste stap weg van egoïsme. Als de ik zelfverzekerd en autonoom is, kan hij zijn invloed aanwenden ten gunste van anderen. Dit archetype is de wereldleider in u. Het is de ik die een stempel kan drukken op de wereld en anderen kan beïnvloeden. Pas wanneer u deze ik hebt bereikt, krijgt u macht over uw lotsbestemming.

### Met de woorden van Jung

*... er bestaat geen genezing en geen verbetering van de wereld die niet begint bij het individu.*

Vrij vertaald naar C.G. Jung,
Zwei Schriften über analytische Psychologie

### Omgekeerde betekenis

Dit betekent de innerlijke rebel of antichrist. Een saboteur van iemands eigen persoonlijkheid, die persoonlijk succes tegengaat. Iemands ergste vijand. Orde verwerpen. Vastbesloten zijn het tegengestelde te doen. Misbruik van macht of het ontbreken ervan. Als u te weinig echte macht bezit, gaat u domineren en intimideren. Autocratische dominantie stamt af van zwakheid.

**21**

*Ik heers over u en uw leven. Ik heb alle macht op het moment dat ik ophoud ernaar te zoeken. Tot die tijd ben ik een ondoelmatig wezen dat wordt vermorzeld door het leven.*

# De Nachtwaker

**Kernwoorden** *Innerlijke politieagent. Oordeel. Angst. Gevolgen. De ik beschuldigen. Moreel dilemma. Geweten. Martelaar. Masochisme. Oneerlijkheid. Geheimhouding. Een zondaarheilige met de kans op verlossing.*

De regels die u tijdens uw opvoeding hebt meegekregen zijn veranderd in uw geweten. Het verschijnen van deze kaart verwijst naar de grote regelgever, de kenner van recht en onrecht, die het overneemt van uw ouders. Dit is de criticus en bestraffer die ons vervult van angsten en schuldgevoelens wanneer we de ons opgelegde regels overtreden. De kaart waarschuwt tegen dreigende gebeurtenissen die ingaan tegen uw overtuigingen en azen op uw geweten. Er zullen harde beslissingen moeten worden genomen om het juiste te doen. U moet kiezen tussen zelfopoffering en zelfbehoud.

Deze kaart houdt een risico in van schuldgevoelens, gevolgen en straf. Hij kan verwijzen naar iets waarop u niet trots bent als het uitkomt, naar schending van uw reputatie en naar sociale veroordeling. Te veel van dit archetype in uw psyche veroorzaakt overdreven schuldgevoelens bij onbelangrijke voorvallen. Wanneer uw schaduw door dit archetype tot uitdrukking komt, wordt u wellicht in de gaten gehouden, achtervolgd of bespioneerd. De kaart voorspelt geheimen, verraad, het verleden dat u najaagt of misschien emotionele of andere vormen van afpersing.

### Met de woorden van Jung

*De innerlijke stem, zoals ik hierboven heb uitgelegd, maakt ons bewust van het kwaad waaronder de hele gemeenschap lijdt, of dat nu het land of heel het menselijke ras is.*

Vrij vertaald naar C.G. Jung, *Analytische psychologie en opvoeding*

### Omgekeerde betekenis

Dit duidt op een gebrek aan geweten en gevolgen. Oneerlijke handelingen en overtuigingen. Ontduiking van verantwoordelijkheden. Anderen beschuldigen, smoezen verzinnen. Verleidelijke valsheden die worden gebruikt om anderen te beschuldigen en uzelf vrij te spreken. Ga de waarheid aan. Wanneer u niet langer vastzit in misvattingen, zullen uw omstandigheden langzaamaan verbeteren.

Kaart 23

# De kluizenaar

**Kernwoorden** *Zelfbeschouwing. Geheimen. Reserve. Terugtrekking. Isolatie. Muren en barricades opwerpen. Pleinvrees. Autisme. Introvert/extrovert. Zich een vreemde in eigen land voelen. De eenzame zeeman. Zelfbeheersing. Eenzaamheid.*

Deze kaart verwijst naar delen van de ik die introvert of verborgen zijn en naar de dingen die u voor uzelf houdt. Aan het begin van zijn ontwikkeling staat de psyche open voor de wereld. Wanneer hij een barrière tegenkomt die hij niet kan slechten, keert hij zich naar binnen, valt stil en wordt een onuitgedrukt deel van de persoonlijkheid. Fantasie of achteruitgang zijn pogingen van de psyche om weer naar buiten te treden. Het afsluiten van de persoonlijkheid is een acceptatie van een introverte toestand.

De kluizenaarkaart kan een advies inhouden om de gestelde vraag voor uzelf te houden.

Deze kaart is een slecht voorteken als u vragen stelt over roem of publiciteit. Hij weerspiegelt situaties, mensen en deuren die voor u gesloten zijn. De kaart kan verwijzen naar interne ervaringen, de innerlijke wereld, zelfkennis, verborgen kennis en onderzoek. De kluizenaarkaart kan ook betekenen dat u zich in een bepaalde situatie terugtrekt of geïsoleerd raakt, en kan duiden op afzondering, verlatenheid en eenzaamheid. De kaart verwijst altijd naar een eenzame positie. Met de kaart staat niemand aan uw kant en toch moet u de strijd van het leven aangaan.

## Met de woorden van Jung

*Het is verder bovendien alleen in een toestand van totale verlatenheid en eenzaamheid dat we de nuttige krachten van onze eigen natuur ervaren.*

<small>Vrij vertaald naar C.G. Jung, *Psychologie en religie*</small>

## Omgekeerde betekenis

De omgekeerde kaart verwijst naar de extroverte delen van de ik. Extern, sociaal en het ontbreken van verborgen motieven. Zich openstellen voor anderen en de wereld. Samenwerken en delen. Zich zeker genoeg voelen om de ik te tonen of een geheim met iemand te delen. Voor uzelf opkomen. Volledig deelnemen. Naar buiten brengen, werken, uitdrukken, creëren, dingen van binnenuit naar buiten brengen. Van dag tot dag leven.

# De Analist

**Kernwoorden** *Denker. Beoordelaar. Zoeken naar inzicht. De wetenschappelijke benadering. Onderzoek. Logica. Empirische bewijzen. Waarheid. Helderheid van geest. Zelfbewustzijn. Zelfverloochening. Kennis van anderen. Depersonalisatie.*

Deze kaart vertegenwoordigt de denker in ons, degene die onderzoek doet, analyseert en conclusies trekt. Dit is het deel van de psyche dat oorzaak en gevolg inziet. De verschijning van deze kaart duidt op een persoon die van orde en feiten houdt, die emotioneel en intellectueel vrij is. Hij kan erop wijzen dat u zich tot een verstandige persoon moet wenden of hiervoor bij uzelf te rade moet gaan, of beide. Als u deze kaart trekt, hebt u behoefte aan logische gedachten. U bent misschien op zoek naar bewijzen of u probeert grip te krijgen op een verwarrende en tegenstrijdige toestand. De kaart adviseert u feiten en werkelijkheid op een rijtje te krijgen voor u conclusies gaat trekken. Gebruik uw analytische kwaliteiten.

De kaart kan u laten zien dat u het juiste antwoord hebt gevonden, dat u iets ontdekt hebt dat onder het oppervlak verborgen lag. Hij kan u ook aanraden uw dromen te analyseren of in de uithoeken van uw onderbewustzijn te duiken voor een antwoord op uw vraag. Hij waarschuwt u tegen zelfverloochening en adviseert zelfbewustzijn. Ken uzelf en begrijp anderen.

### Met de woorden van Jung
*Hij gelooft dat de wereld wordt verlicht door de zon en niet door het menselijke oog.*
Vrij vertaald naar C.G. Jung, Über die Energetik der Seele

### Omgekeerde betekenis
Dit wijst op achterdocht, bijgeloof en blind geloven. Religieus fanatisme. Overdreven cynische gedachten. 'Magisch denken,' als we ons niet verdiepen in de waarheid maar onjuiste conclusies trekken op basis van toeval en oppervlakkige gelijkenissen. Deze kaart betekent omgekeerd dat u jammerlijk genoeg van het pad bent afgeraakt, vervreemd van de realiteit. U zit ernaast – denk nog eens na.

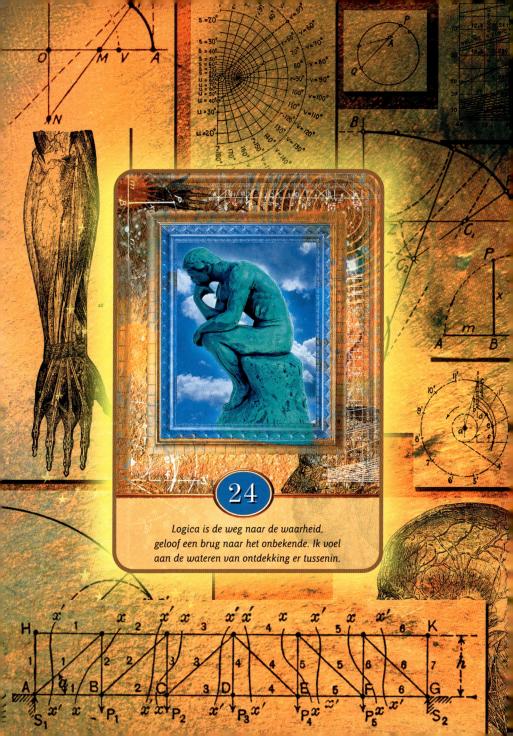

### 24

Logica is de weg naar de waarheid,
geloof een brug naar het onbekende. Ik voel
aan de wateren van ontdekking er tussenin.

# Kaart 25

## DE DICHTER

**KERNWOORDEN** *Poëzie. Muziek. Creatief kunstzinnig werk. Religie. Mystiek. Idealen. Liefde. Dromen. Waandenkbeelden. Emotie. Een behoefte om zowel praktisch als emotioneel te zijn. Menselijke verhoudingen. Menselijke waarden.*

Deze kaart is er een van emoties en verbeelding. Hij weerspiegelt beslissingen die uit het hart komen en niet uit het hoofd. De kaart verwijst naar gevoelens, sentimentaliteit, humeurigheid en zichzelf in anderen verplaatsen. Deze kaart kan u adviseren uw gevoel te gebruiken in plaats van beoordeling of logica. Als u gevraagd hebt naar iemands motivatie, vertelt de kaart u dat hij vanuit het hart handelt en spreekt. Hij weerspiegelt gebeurtenissen waarbij sympathie, gevoeligheid ten opzichte van anderen en de sensaties van de geest en niet die van het lichaam tot uiting komen.

Hij waarschuwt u ook voor het kiezen van de verkeerde weg door ingewikkelde emoties die u beïnvloeden. Het is echt gevaarlijk om te veel te fantaseren, na te denken en ervan uit te gaan dat anderen dat ook doen.

Verrijkt de innerlijke dichter uw leven met het vermogen dingen te voelen en beoordelen zonder materialistisch te zijn? Of is uw logica ingesleten en zijn uw zintuigen afgestompt door emoties en dromen? Als de kaart negatief is, betekent hij een gebrek aan afstandelijkheid. De psyche heeft een keuze. Uw gevoelens kunnen u beheersen of u kunt uw gevoelens beheersen.

### MET DE WOORDEN VAN JUNG

*[Dichters] creëren vanuit de diepten van het collectieve onderbewustzijn, drukken uit wat anderen alleen kunnen dromen.*

Vrij vertaald naar C.G. Jung, *Psychologische typen*

### OMGEKEERDE BETEKENIS

Dit verwijst naar op een onrealistische manier naar binnen kijken. Vage of escapistische gedachten. Te veel in de geest leven: emotionele instabiliteit, dagdromen, melancholie. U bent voortdurend op zoek naar iets; een beeld dat u in uw hoofd hebt maar dat nergens op gebaseerd is. Vage gedachten en ideeën. Innerlijke geesten, stemmen, visioenen en fantasieën. Emotionele blokkades. Een verontruste geest.

Dromen en visioenen die ik koesterde, zijn slechts instrumenten. Helder en scherp als een laser, mijn emoties zijn niet mijn keten en mijn verbeelding is niet mijn blinddoek.

*Kaart 26*

# DE BEDELAAR

**KERNWOORDEN** *Zelfontkenning. Onderdrukking. Onachtzaamheid. Ontbering. Nauwe beperkingen. Rusteloosheid. Noodlijdend. Ontkrachting van bepaalde delen van de geest. Innerlijke zwerver. Assepoester. Prins in lompen. De figuur achter de gesloten deur.*

Deze kaart gaat over psychologische ontkenning en de dingen in uw karakter die u niet wilt erkennen. Hij daagt u uit de confrontatie aan te gaan met de elementen van uw psyche die u buitensluit, met dat waarin u geen energie steekt en dat u tot een bestaan in de duisternis dwingt. Welk deel van u is geannexeerd of geamputeerd? Eens bestond het en het heeft nog steeds invloed op u.

Deze kaart betekent spirituele armoede, ontkend talent en iets in uw psyche dat probeert uw leven te doorbreken. Hij waarschuwt voor zelfbestraffing, masochistische manieren om uw eigen succes te saboteren en veronachtzaamde aspecten van uw leven of van uzelf waaraan u meer waarde moet toekennen. Als u deze kaart trekt wijst dat op verloren potentie. In de buitenwereld kan hij wijzen op een terugloop van rijkdom of welzijn. Zaken die u bij deze kaart eens moet bekijken, zijn mislukking, door uzelf opgelegde beperkingen, het pijnlijke verleden, of uw oude ik die u niet goed achter u kunt laten. U kunt zich van nature beperkt voelen, zoals de vrije man die leeft als een gevangene of de rijke man die leeft alsof hij nog steeds arm is.

**MET DE WOORDEN VAN JUNG**
*Elke vorm van communicatie met het afgestoten deel van de psyche heeft therapeutisch effect.*
Vrij vertaald naar C.G. Jung, *Alchemical Studies*

**OMGEKEERDE BETEKENIS**
Dit duidt op een gebrek aan betrokkenheid. Iets voor niets willen. Een zwervende ziel. Verlangen naar een kans die nooit lijkt te komen. Ondoelmatigheid. Hebzucht gecombineerd met luiheid leidt tot mislukking. In de buitenwereld verwijst het naar mensen die minder geluk hebben dan uzelf of die in nood verkeren.

# De kantklosser

**Kernwoorden** *Geschiedenis herhaalt zich. Gevolgen. U zult oogsten wat u zaait en andersom. De prijs betalen voor wie u bent. Karma. Verbindingen maken. Een doolhof. Samenzweringen. Een nieuw bouwwerk op oude fundamenten.*

Deze kaart vertegenwoordigt het deel van uzelf dat zowel de zaaier als de oogster is en dat onbewust uw positieve of negatieve lot stuurt. Als u de lessen van het leven niet leert, zal de kantklosser u van de ene slachtofferrol naar de andere leiden. We bestaan te midden van een web van zelf gecreëerde lotsbestemmingen – als in elkaar geweven draden van het levenstapijt – die ons psychologisch aan elkaar verbinden. Patronen van gebeurtenissen en terugkerende resultaten behoren allemaal tot dat deel van het mysterie waarop deze kaart wijst.

De verschijning van deze kaart kan erop wijzen dat u weigert uw eigen bijdrage aan uw huidige situatie te erkennen. U geeft het ongeluk de schuld in plaats van uw eigen zwakheid, andere mensen in plaats van uzelf. Zolang u deze onderbewuste elementen in uzelf ontkent, blijft u gevangen in een beperkende, ongelukkige en onsuccesvolle spiraal.

### Met de woorden van Jung
*Net zoals onze vrije wil botst met het noodzakelijk kwaad in de buitenwereld, zo ondervindt hij ook beperkingen binnen het bewustzijn in de subjectieve innerlijke wereld...*

Vrij vertaald naar C.G. Jung, *Aion*

### Omgekeerde betekenis
Omgekeerd verwijst deze kaart naar de introductie van een nieuw patroon of een volgende fase. Zelfsturing. De juiste beloning voor prestaties. Verandering. Zich vrijmaken van bekende psychologische ketenen. De stof van uw eigen lot weven.

# De Vrek

**Kernwoorden** *Archeoloog. Perfecte conservatie. Museum van herinneringen. Littekens. Dingen opkroppen. Een fossiel worden. Gestagneerde geest. Groei uitsluiten. De vasthouder. Handhaven. Souvenirs. Redden. Leren delen. De uitdaging van de aanpassing.*

De vrek is het aspect van de persoonlijkheid dat neemt en geeft, maar zich niet aanpast; het is de verzamelaar, de hamsteraar en de onthouder. De verschijning van deze kaart duidt op een stagnatie in uw leven. Hij waarschuwt ervoor dat u niet inziet dat alles om u heen verandert en dat u nu mee moet veranderen. Mensen en situaties in uw leven, of aspecten van uzelf, zijn veranderd. Manieren van leven en ideeën die pasten bij het verleden, leiden nu tot problemen omdat ze niet meer werken in uw huidige situatie.

De kaart gaat over dat wat u gehandhaafd hebt en nu moet laten gaan, dat wat u moet afstaan in plaats van vasthouden. U bent misschien blijven hangen in het verleden en bent bang om verder te gaan; u bent gevangen in door uzelf opgelegde beperkingen. Misschien koestert misschien oude wrok die uw bestaan verteren, hoewel ze niets te maken hebben met het heden. Als u deze kaart trekt, wijst dat erop dat u gemeen en inhalig wordt en geïsoleerd raakt – u draagt niets bij en deelt niets met anderen. U hebt geen goed woord over voor een ander en toont geen welwillendheid tegenover anderen. De kaart vertelt u dat iemand in evenwicht het beste van het nieuwe combineert met het beste van het oude.

### Met de woorden van Jung

*De wijn van de jeugd wordt met de jaren niet altijd helder; soms wordt hij juist troebel.*

Vrij vertaald naar C.G. Jung,
Über die Energetik der Seele

### Omgekeerde betekenis

Dit betekent een verkoper, een handelaar, een sociale persoon. Iemand die combineert en deelt, geeft en neemt. De juiste balans. De psyche past zich aan de omstandigheden aan. Iemand die zich altijd aanpast. Gokker. Evenwicht bewaren. De kaart kan ook betekenen dat u te veel weggeeft en niets bewaart. Indiscretie en extravagantie. Niet in staat zijn 'nee' te zeggen. Uw voordeel doen bij de ellende of het verlies van anderen.

# De Leraar

**Kernwoorden** *De grote leerschool van het leven. Je weg vinden. Leren door voorbeeld en ervaring. Beloning en straf. Zelfeducatie, formele educatie. Levenslang leren. Nieuwe vaardigheden. Meesterschap. Goeroe. Het hogere aspect van de ik. Innerlijke leraar.*

Dit archetype is altijd bij u, zelfs als u er zich niet bewust van bent. In het leven bent u zowel student als docent, leerling als meester. Wanneer deze kaart verschijnt, is er iets dat u moet leren of bezit u kennis die u moet doorgeven en moet delen met anderen. Er kunnen gebeurtenissen plaatsvinden die u iets belangrijks zullen leren. In tegenstelling tot kaarten die te maken hebben met lessen die onbewust uit het leven worden geleerd, betekent deze kaart meestal dat er verstandelijk iets te leren valt.

De kaart kan verschijnen op een moment in uw leven waarin u nog steeds de leerling bent, maar op het punt staat meester te worden. Hij kan betekenen dat uw innerlijke leraar, uw wijze adviseur, u kan begeleiden tijdens uw mythische zoektocht. Uw doel kan transformatie, kennis en individualisatie zijn – verworden tot uw ware ik – of een solide, wereldlijk doel waarvoor u kennis uit boeken moet opdoen. Of uw bestemming nou mythisch of praktisch is, de leraar weerspiegelt het deel van de psyche dat u erheen zal brengen.

In de buitenwereld verwijst de kaart naar ideeën, ongedwongen gedachten, het Internet, plaatsen van educatie en opleiding – zij kunnen allemaal bieden wat u zoekt. In de innerlijke wereld kan hij erop duiden dat voortekenen, spirituele begeleiding, meditatie, voorspellende dromen, synchroniciteit, enzovoort u naar het antwoord kunnen leiden.

## Met de woorden van Jung

*Soms leek hij [Filemon – Jungs innerlijke leraar] behoorlijk echt, alsof hij een levend wezen was. Ik wandelde met hem door de tuin en voor mij was hij wat Indiërs een goeroe noemen.*

Vrij vertaald naar C.G. Jung,
*Herinneringen, dromen, gedachten*

## Omgekeerde betekenis

Dit duidt op moeilijk begrijpen. Verlies van richting. Weigering van een bepaalde gebeurtenis te leren. Een psychologische blokkade. Een 'betweter' zijn of ervan overtuigd zijn dat u niet slim genoeg bent. Niet openstaan voor andere standpunten door de starheid van uw eigen overtuigingen. Vooroordelen.

# DE STEENHOUWER

**KERNWOORDEN** *Feitelijke ervaring en concrete voorwerpen. Materiële verlangens. Een man of vrouw van de wereld. Aardsheid. Handenarbeid. Vaardig in handwerk. IJzer en steen. Praktische vermogens. De vijf zintuigen. Kalmte. Verstandelijkheid. Realisme.*

De verschijning van deze kaart duidt op het deel van de psyche dat vertrouwt op zintuiglijke indrukken. Hij suggereert iemand die de materiële wereld ervaart en ziet zoals hij is. Iemand als dit accepteert de dingen zoals ze zijn, zonder er allerlei onderliggende gedachten bij te hebben. De kaart is ook een teken van een goed gevoel voor bedrijfsvoering en winst. Praktische aspecten, schoonheid en bruikbaarheid komen in deze kaart samen. De steenhouwerkaart kan overdreven gezien ook wijzen op iemand die het vuur dooft van dingen, die een versteende persoonlijkheid en geen visie heeft. Hij bevat een waarschuwing voor geblokkeerde zintuigen, lichamelijk of geestelijk – iemand die te blind is om te zien. Materialisme wordt tegenover idealisme geplaatst.

Met deze kaart krijgt u wat u ziet (en niets meer). Afhankelijk van de reden van uw verzoek kan de kaart u adviseren om realistisch en praktisch te zijn, materiële zaken te overwegen of weer met beide voeten op de grond te komen. U wordt geadviseerd uw beeld decoratief maar werkbaar te maken. Als negatieve kaart vertegenwoordigt hij de verstening van hoop, liefde en creativiteit, evenals onpraktische ambities. Sommige idealen zijn nou eenmaal te onrealistisch en kunnen nooit bereikt worden.

### MET DE WOORDEN VAN JUNG

*De procedure om de steen te maken vindt niet met de handen plaats omdat het een menselijke houding is.*

Vrij vertaald naar C.G. Jung, *Aion*

### OMGEKEERDE BETEKENIS

Dit duidt op stoornissen en ziekten. Sinistere voorboden. De beperkingen van de fysieke zintuigen. Iemand kan het moeilijk vinden zich te uiten. Echte objecten en materiële doelen kunnen weleens niet meetellen. Armoede. Iemand die afwijkt van de geaccepteerde normen. Onvermogen om in de conventionele wereld te functioneren.

*Kaart*

# 31

# DE WOLVENMAN

**KERNWOORDEN** *Natuur. Instinct. Giswerk. Lichamelijke behoeften. De dierlijke voorouder, gescheiden van het bewustzijn, die normaalgesproken in de schaduw blijft. Gebrek aan terughoudendheid. Dierlijke natuur. Oudere, primitieve reacties. Oude, subfysieke zintuigen.*

De wolvenman is het instinctieve, intuïtieve archetype. De kaart suggereert vermoedens en intuïtieve reacties, acuut aanvoelen en weten en het vermogen direct conclusies te trekken. Hij verwijst naar een 'gevoel' voor iets. De kaart kan verwijzen naar goede verbale, geschreven of muzikale communicatie. De zaken die bij deze kaart moeten worden onderzocht zijn risico's lopen en kansen wagen, gokken of oordelen op basis van ervaring of gevoel zonder de feiten te kennen. Deze kaart betekent dat er veel mogelijkheden voor u zijn in uw huidige situatie. Uw innerlijk weet misschien al welke richting het op gaat en wat er te gebeuren staat. U kunt nu op uw perceptie afgaan, als u maar onthoudt dat niets vaststaat bij deze kaart.

Deze kaart geeft u het vermogen zich dingen voor te stellen, irrationele beslissingen te nemen die de moeite waard zijn. De eerste indruk wordt benadrukt. U moet vertrouwen op basale reacties als aantrekkingskracht en instincten als vechten, weglopen, stilstaan, verslinden of afwijzen. Wat vertelt uw instinct u? De negatieve kant van deze kaart verwijst naar agressie, angst en andere ongecontroleerde, instinctieve reacties. Het beest in u komt misschien wel naar buiten tijdens de lunch!

**MET DE WOORDEN VAN JUNG**

*De beschrijving van ons archetype zou niet compleet zijn als we een bepaalde verschijningsvorm zouden weglaten, namelijk de dierlijke vorm.*

Vrij vertaald naar C.G. Jung, *Archetypen*

**OMGEKEERDE BETEKENIS**

Dit betekent dat uw motivatie ligt in een excessieve angst voor de macht van anderen. Iemand die zichzelf moeilijk in bedwang kan houden, maar eenvoudig in bedwang wordt gehouden door anderen. Gemengde boodschappen van de psyche. Valse instincten. Zich dingen inbeelden en denken dat ze waar zijn. Verkeerde conclusies. Ongezond gedrag. Achtervolgingswaanzin.

*Kaart*  
**32**

# De Uitvinder

**Kernwoorden** *Originaliteit. Avant-garde. Pionieren in uw werkgebied. Nieuwe systemen bouwen. Experimenteren. Excentriciteit. Inspiratie. Ingeving. Goede ideeën. Geest van de toekomst. Iets dat zijn tijd vooruit is. Onvoorspelbaarheid.*

Het uitvinderarchetype is het superieure wezen dat van de sterren komt, de waanzinnige wetenschapper, de tijdreiziger die uit de toekomst is teruggekeerd om onderdeel te worden van onze collectieve psyche. De verschijning van deze kaart vertegenwoordigt een vreemde vooruitgang. Hij gaat over originele ideeën en ongebruikelijke vormen van intelligentie en hij adviseert u dingen vanuit een nieuw standpunt te bekijken. Als u deze kaart trekt, kan het zijn dat u op het punt staat iets te doen dat nog nooit eerder is gedaan. Hij voorspelt een verbazingwekkende nieuwe weg, methode, theorie of ideologie. Hij duidt ook op een nieuwe levenservaring.

Hij kan verwijzen naar een persoon met een bepaalde genialiteit in zijn ziel, iemand die vreemd overkomt op anderen maar ons allemaal iets bijzonders meegeeft.

Wanneer deze kaart verschijnt, bestaat de behoefte aan iets unieks. Er kan een onverwachte of geniale oplossing voor uw probleem in aantocht zijn. Misschien is hiervoor een geloofsverandering nodig die leidt tot een verrassend resultaat. Als uw vraag gaat over het vinden van werk of weer gezond worden, zal het antwoord positief zijn. De gebeurtenissen verlopen echter niet op de gebruikelijke wijze en de uitkomst zal anders zijn dan u had verwacht.

### Met de woorden van Jung
*Alleen dit schrijft geschiedenis; alleen hier vinden de grote veranderingen als eerste plaats en de hele toekomst, de hele geschiedenis van de wereld, komt als een enorme optelsom voort uit deze verborgen bronnen binnen individuen.*

Vrij vertaald naar C.G. Jung, *Zivilisation im Übergang*

### Omgekeerde betekenis
Dit duidt op de imitator, de dief. Als het een ziel aan creativiteit ontbreekt, neemt hij omdat hij niet kan uitvinden; imiteert hij omdat hij niet origineel kan zijn. Als u deze kaart trekt na een vraag over een project betekent het dat in deze situatie niets origineels te bieden hebt. De kaart waarschuwt voor gestolen goederen en ideeën, voor leugenaars en bedriegers.

Kaart 33

# DE HELD

**KERNWOORDEN** *Innerlijke kracht. Een obstakel overwinnen. Uw innerlijke demonen verslaan voor ze u verslinden. Een uitdaging in de buitenwereld. Winnen. Succesvol zijn. Vooruitgang boeken. Tovenaar. Drakendoder. Veroveraar. Overwinning.*

Ieder van ons is een held tijdens de zware levensreis en gaat zijn persoonlijke strijd aan. Deze kaart belichaamt de moedige innerlijke worsteling van de psyche, zijn spirituele reis naar volledigheid. Als een innerlijk conflict is opgelost, verkrijgt u in overeenstemming daarmee kracht en wijsheid. U wordt de veroveraar van uw emoties en zwakheden, de overwinnaar van uw worstelingen in het leven. U verkrijgt opnieuw de controle over uw leven. De geest wordt sterker en ontwikkelt zich; hij leert iets en gaat verder.

Deze kaart betekent dat u een probleem overwonnen hebt of dat u spoedig met een probleem geconfronteerd zult worden en dat zult overwinnen. Elke trauma en elke ramp gaan gepaard met een overwinning. Het gevolg is dat het lot verandert en u ook. Als u met dit probleem weet om te gaan, zult u er nooit meer mee geconfronteerd worden. Deze kaart duidt altijd op een worsteling en een innerlijk besef. Vervolgens treedt een prachtige verbetering in het leven op. De strijd kan zich binnen in u afspelen of in uw externe leven, maar hij zal beide aspecten van u beïnvloeden.

### MET DE WOORDEN VAN JUNG

*In onze meest persoonlijke en meest subjectieve levens zijn we niet alleen de passieve getuige van onze tijd en de lijdenden daarin, maar ook zijn schepper. We maken ons eigen tijdperk.*

Vrij vertaald naar C.G. Jung, *Zivilisation im Übergang*

### OMGEKEERDE BETEKENIS

De omgekeerde kaart waarschuwt voor de behoefte aan actie, zekerheid of bescherming. Hij vertelt u dat u niet moet weglopen van een situatie omdat u in staat bent deze te veranderen. U bent misschien niet bereid voor uzelf  te vechten en hoopt dat de tijd, het lot of de omstandigheden uw probleem zullen oplossen. Ontkenning van verantwoordelijkheid. Gebrek aan inspanningen. De kop in het zand steken. Zwakheid en nederlaag. De gewonde held die de strijd verloren heeft.

# De Houthakker

**KERNWOORDEN** *Houthakker. Slachter. Executeur. Iets amputeren van iemands leven. Kortknippen. De tuin van de ziel snoeien. Feniks. Doordouwer. Niets eindigt echt. Alles wordt hergebruikt. Uw beurt komt weer.*

De houthakker is de innerlijke vernietiger. De kaart betekent een innerlijke dood, als een deel van u emotioneel afloopt en nooit meer tot leven komt. Liefde, medeleven en de wens succes te hebben, kunnen allemaal sterven. De verschijning van deze kaart kan erop wijzen dat u een van de levende doden aan het worden bent, verstoken van alles in uzelf. Hij kan verwijzen naar een leegte in u, dingen die bevroren zijn, een innerlijk gebrek. Deze leegte kan iets zijn dat verwoest is of iets dat u nooit hebt bezeten. De kaarten die om deze kaart heen liggen, zullen u vertellen wat u verloren hebt of wat er ontbreekt aan uw psyche.

In het externe leven is de kaart een slecht voorteken bij vragen over de voortgang van uw baan, huwelijk of rijkdom. De kaart wijst ook op een misbruik van agressie, onderdrukte woede en overdreven reacties. Hij kan de behoefte aan het overlevingsinstinct en zelfbehoud voorspellen. De kaart is echter niet alleen negatief. Misschien moet een bepaalde situatie een halt worden toegeroepen voor hij u volledig in zijn greep krijgt. Zowel in de interne als externe wereld moeten zaken uitgeroeid worden om de rest te laten opbloeien. De houthakker hakt een tak van de boom zodat een nieuwe twijg kan groeien.

### MET DE WOORDEN VAN JUNG

*In een strijdwagen gemaakt van de beenderen van de doden reed hij met een enorme vaart van de steile helling.*

Vrij vertaald naar C.G. Jung,
*Herinneringen, dromen, gedachten*

### OMGEKEERDE BETEKENIS

Dit duidt op het niet accepteren van een einde. Tevergeefs proberen iets uit het verleden weer tot leven te wekken; bijvoorbeeld streven een liefdesrelatie weer leven in te blazen terwijl de psyche het einde ervan moet accepteren. Verlatingsangst. Zelfmoord. Het afhankelijke deel van de persoonlijkheid. Angst voor dood en einde; angst voor geboorte en begin.

## Kaart 35

# DE ALCHEMIST

**KERNWOORDEN** *Psychologische magie. Oplosser van conflicten. Taartenbakker. Uitwisseling. Tegengif voor het gif van het leven. Bruggen bouwen. Het innerlijk aanpassen aan de externe omstandigheden. Transformatie. Keerpunt. Realisatie. Bewustzijn.*

De verschijning van deze kaart suggereert het proces van individualisatie – dat wil zeggen: transformeren in een spiritueel wezen die geluk en controle over zijn leven en de ik heeft verkregen. Dit proces is de zoektocht naar de ware ik. Als de held (zie kaart 33) terugkeert met de overwinning, zal het alchemistendeel van het karakter de daarbij horende verandering teweegbrengen, als een plant die een nieuwe bloem krijgt. De alchemist brengt uw psyche op één lijn als uw interne en externe werelden met elkaar in contact komen. Dit archetype is de innerlijke tovenaar die tegengestelden en extremiteiten in balans brengt en innerlijke groei stimuleert.

De verschijning van de alchemistkaart is een teken dat u op weg bent naar volledigheid in minstens één situatie of psychologisch aspect van uzelf. Hij duidt op een connectie tussen de tegenstrijdige factoren van uw persoonlijkheid. Hij verwijst ook naar levensveranderende inzichten. Als u deze kaart trekt, betekent het dat problemen zullen worden opgelost en u een stap vooruit kunt zetten. Op aards gebied betekent hij een belangrijke 'reparateur' – de arts die uw ziekte zal genezen, de advocaat die uw moeilijke rechtszaak kan winnen.

### MET DE WOORDEN VAN JUNG

*Ik was mij er al lang van bewust dat alchemie niet alleen de moeder is van de scheikunde, maar ook de voorloper van onze moderne psychologie van het onderbewustzijn.*

Vrij vertaald naar C.G. Jung, *Alchemical Studies*

### OMGEKEERDE BETEKENIS

De omgekeerde kaart duidt op het gif van de ziel, bijvoorbeeld de manier waarop een nederlaag u bitter maakt. Achteruitgang in plaats van groei. Een onoplosbare, beschadigende situatie. Tijdelijk onvermogen om de vereiste verandering te ondergaan en een stap vooruit te zetten. Doorgewinterde formules die niet meer werken. Het advies om het nog eens te proberen of een andere methode te zoeken.

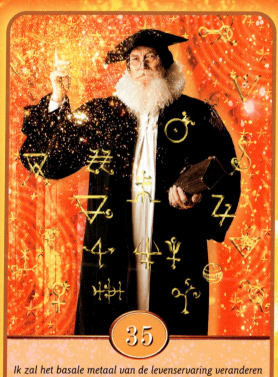

**35**

*Ik zal het basale metaal van de levenservaring veranderen in het kosmische goud van de voortdurende evolutie.*

*Kaart*

# De eeuwigheid

**KERNWOORDEN** *Leeftijd. Tijd. Verandering. Herhaling. Van de ene levensfase naar de andere gaan. Het rad van de persoonlijke karma. Uzelf opnieuw uitvinden. Seizoenen van het leven. Kruispunten. Nieuwe ondernemingen. Nieuwe richtingen. Begin.*

De eeuwigheid is het archetype van de wedergeboorte. De kaart kan gesymboliseerd worden door het oude en door het nieuwe jaar – het einde van de ene fase en het begin van de andere. Hij duidt op een deel van de psyche dat is opgebouwd uit ervaringen in een bepaalde periode die uw gedrag en gedachtegang bepalen. Steeds als deze kaart verschijnt beoordeelt, evalueert of komt u tot een definitieve conclusie over een bepaald deel van uw leven en van uw persoonlijkheid. Of uw standpunt nu juist of onjuist is, hij wordt sterk gevormd door deze fase van uw leven.

De kaart voorspelt een nieuwe richting. Hij duidt op een einde, dat op het juiste moment komt. De kaart toont aan dat u, emotioneel of psychologisch, al het mogelijke uit deze baan, relatie of situatie hebt gehaald. U bent boven deze ervaring uitgestegen of hebt alles wat u aankunt aanvaard. De beslissing om verder te gaan is doorgaans correct, al zijn uw motieven dat soms niet. Er kan dus een stagnatie en neergang plaatsvinden voor het nieuwe tijdperk begint. In de buitenwereld kan de kaart betekenen dat de persoon of situatie waarnaar u vraagt, gevormd is door de ervaringen in zijn of haar leven.

## MET DE WOORDEN VAN JUNG

*Het leven is de toetssteen van de waarheid van de geest.*

Vrij vertaald naar C.G. Jung, *Psychotherapie*

## OMGEKEERDE BETEKENIS

De omgekeerde kaart betekent een fatale terugkeer naar een persoon, plaats of situatie om iets af te ronden. Het verleden achter u laten zodat u verder kunt. Het verleden corrigeren zodat u de toekomst weer op één lijn kunt brengen. De onbewandelde weg nemen. De negatieve invloed van een periode uit het verleden kan ook voorkomen dat u de stap in een nieuwe richting durft te wagen.

# Register

## a
achteruitgang 15, 66
advies vragen 14, 16
alchemistarchetype 19, 90-91
analistarchetype 68-69
angst 36, 82
anima/animusarchetype 15, 17, 38-39, 44
animus, schaduw 40
archetypen 4
    definitie van 5
    ervaren 5, 6
    herkenning van 6
    integreren van 6, 8-9
    invloed van 12
    schaduwzijde van 7, 34, 40
    vroege 7
    zich eigen maken 7
aspiratiearchetype 44-45
autoriteit 36, 62
autoriteitsfiguren 7, 32

## B
bedelaararchetype 6, 72-73
bedriegerarchetype 19, 28-29
bevestigingen 9, 20
bewustzijn 9, 18, 28, 46, 56
bezittingen 54

## C
collectieve onderbewustzijn 4, 5

## D
demonischekoninginarchetype 7, 34-35
dichterarchetype 70-71
dood 88
Drie lotsbestemmingen 10, 11, 13, 17
dromen 4, 5, 18, 19, 68, 70, 78
duistereprinsarchetype 40-41

## e
Een-kaart-voorspelling 10, 11, 12
eeuwigheidarchetype 16, 17, 19, 92-93
einde 88, 92
essentie 19, 22, 56 *zie ook* ziel

## f
fantasie 4, 5, 66
feminiene principe 30

## g
gevangene-archetype 58-59
gevoelens 70
gevolgen 64, 74
geweten 64
gewondeheelmeesterarchetype 60-61
groei, persoonlijke 50, 56, 90

## H
heldarchetype 6, 15, 86-87, 90
heling 30, 60
houthakkerarchetype 17, 18, 88-89

## I
ik: autonomie van de 62
    essentie van de 56
    geheime 66
innerlijke 82
    mannelijke 44
    vrouwelijke 44
    ware 22, 26, 78, 90
individualisatie 4, 9, 19, 78, 90
innerlijke groei 50, 90
innerlijke wereld 48, 66
innerlijke wezen 44
instinct 82
integratie 6, 8-9, 42
interpretatietechnieken 14-17
intuïtie 15-16, 18, 82
inzicht zoeken 14, 16

## J
Jung, Carl Gustav 4, 5, 7, 9, 78
    en de moderne wereld 8, 38

## k
kaarten: betekenissen 12, 13, 14
    en archetypen 7
    interpretatie van 10, 14-17, 18
    omgekeerd 15, 16
    toekomst voorspellen met 10, 14
    veranderd door andere kaarten 14-15
    volgorde van 19
    voorbereiding op het lezen van 11
kaartlezen 12-13
    verdere technieken 14-19
    voorbereiding op 11
kantklosserarchetype 74-75
kennis 78
    verborgen 66
    voorouderlijke 46
kernwoorden 10, 20
keuzen 13, 42, 64, 70
kindarchetype 5
kind-in-u-archetype 50-51, 60
kluizenaararchetype 66-67

## L
laterale associatie 15-17
leraararchetype 78-79
leraar, innerlijke 9, 78
liefde 38, 44, 58

lijdzame archetype 52-53

## m
maagdarchetype 5
maagd/hoerarchetype 42-43
macht 36, 40, 44
machtarchetype 62-63
mandala-archetype 19, 56
masculiene principe 32
materialisme 80
mediteren over bekrachtigingen 9
misleiding 28
moederarchetype 5, 30
moedermaangodinarchetype 7, 16, 17, 18, 30-31

## N
nachtwakerarchetype 15, 64-65
nieuwe richting 92

## O
obsessie 58
omgekeerde kaarten 15, 16
onafhankelijkheid 58
onderbewuste 4, 9, 18, 28, 56, 68
   collectieve 4, 5
   onbewuste, het 6, 18, 24
ontkenning 15, 72
onvolwassenheid 50
originaliteit 84
'ouderarchetype' 40

## P
patriotarchetype 16, 17, 54-55
persona-archetype 26-27
personen identificeren 18
praktisch zijn 80
projectie 26, 34, 38, 40, 42, 48
psyche 4, 5, 9
   genezing van de 36, 60

invloed van de vader op de 32
negatieve aspecten van de 34
ontwikkeling van de 19, 50
op één lijn brengen van de 90
psychearchetype 17, 19, 22-23
reis van de 86

## S
schaduw: persoonlijke 24, 64
van de animus 40
van een vrouw 40
van het moederarchetype 34
van het vaderarchetype 8
schaduwarchetype 5, 6, 14-15, 16, 17, 19, 24-25
schuldgevoelens 34, 40, 64
seksualiteit 40, 42, 44
slachtofferrol 52
spiegelvrouwarchetype 6, 48-49
spirituele armoede 72
spirituele reis 86
stagnatie 76, 92
steenhouwerarchetype 80-81
symbolen, persoonlijke 18, 19
synchroniciteit 4, 18, 56, 78

## t
tegengestelden, versmelting van 38, 44, 90
tijd 16, 46
   kaarten die tijd vertegenwoordigen 17
toekomst 46
transformatie 18, 19, 40, 78, 90
trouw 54

## U
uiterlijke persoon 26
uitvinderarchetype 84-85
uitvlucht 15, 36

## V
vaderaarde-archetype 7, 32-33
verbeelding 70
vergiffenis 60
verslavingen 58
verzorging 30
volledigheid 6, 44, 86
   psychoseksuele 38, 42
vrekarchetype 60, 76-77
vrijheid 58

## W
waarschuwingskaarten 24, 28, 34, 42, 68, 70, 76
wedergeboorte 92
wijsheid 46, 86
wijze-oudemanarchetype 82-83
wildemanarchetype 7, 36-37
wolvenmanarchetype 82-83

## Z
zekerheid 30, 40, 54
zelfbehoud 88
zelfbewustzijn 48, 68
zelfkennis 66
zelfonderzoek 9
zelfrealisatie 9
zelfverloochening 28, 48, 90
ziel: duistere nacht van de 34
   en tijd 46
   groei van de 30
   innerlijke 26
   integreren met de schaduw 24
   onveranderlijke aspecten van de 22
   opkomen van de 62

# verder Lezen

## Boeken van Jung

Klassieke uitgaven van Jungs geschriften zijn *Verzameld werk in 10 delen* (vanaf 1985) en het zevendelige *De kleine Jung-bibliotheek* (1990), beide van uitgeverij Lemniscaat. Deze monumentale reeksen zijn onmisbaar voor de Jung-wetenschapper, maar zijn wellicht minder toegankelijk voor de leek. Eenvoudiger te lezen zijn de volgende korte werken en selecties.

Aalders, C., *Jung – een mens voor deze tijd*, Lemniscaat 1975

Bair, Deirdre, *Jung, een biografie*, De Bezige Bij 2004

Hannah, Barbara, *Jung, zijn leven en werk*, Ankh-Hermes 2000

Hyde, Maggie, *Jung voor beginners*, Elmar 1997

Jung, Carl Gustav, *Archetypen*, Lemniscaat 1997

Jung, Carl Gustav, *Herinneringen, dromen, gedachten*, Lemniscaat 1991

Stevens, Anthony, *Over Jung*, Lemniscaat 1999

## Boeken over tarot

De volgende boeken zijn wellicht interessant voor lezers die meer willen weten over de principes en de praktijk van het kaartlezen.

Banzhaf, Hajo, *De tarot van A tot Z*, Schors 2002

Herbin, Evelyne en Donalsdon, Terry, *Tarot*, House of Books 2002

Jayanti, Amber, *Tarot voor Dummies*, Koppenhof 2002

McCormack, Kathleen, *Tarot voor beginners*, Librero 2002

McCormack, Kathleen, *Het tarot werkboek*, Librero 2003

Pielmeier, Heidemarie H., *Tarot: rituelen, fantasieën, feiten*, Verba 2002

## Bronnen op het web

Er zijn talloze internetsites met artikelen en biografieën over Jung, samenvattingen van zijn werken, bibliografieën en on-line discussiegroepen. Een van de beste is de Engelstalige site:

### WWW.CGJUNGPAGE.ORG

De C.G. Jung-website werd in 1995 in het leven geroepen 'om nieuwe psychologische ideeën te bevorderen en een gesprek op gang te brengen over wat het betekent om mens te zijn.' Hier komen mensen on-line bij elkaar die enthousiast zijn over Jung. Er zijn verschillende discussieforums, links naar andere Jung-websites en informatie over ophanden zijnde Jung-publicaties en -bijeenkomsten wereldwijd.

### WWW.IVARNA.COM

Via haar website biedt Ivarna Karlinkova persoonlijk spiritistisch advies aan mensen over de hele wereld. Zij begeleidt ook mensen die zich bezighouden met het systeem van voorspellen door middel van de jungiaanse archetypen, zoals dat in dit boek is beschreven.